サッカー

4-4-2戦術クロニクル

守備陣形の復興と進化

西部 謙司

KANZEN

サッカー

4-4-2 戦術クロニクル

守備陣形の復興と進化

西部 謙司

サッカー「4-4-2」戦術クロニクル
守備陣形の復興と進化

【目次】

プロローグ　カッチリしている4―4―2

ＷＥＢサイト、「ＦＯＯＴＢＡＬＬ　ＣＨＡＮＮＥＬ」での「4―4―2」をテーマとした連載に、いくつかの書き下ろしを加えたのが本書になります。ＷＥＢで見られるものを紙にするのもどんなものかと思いましたが、かなり図表を加えてわかりやすくしたつもりです。また、まとめてみることで新たな発見や「つながり」も感じられるかもしれません。テーマは「4―4―2」。15―16シーズンにプレミアリーグでレスターが優勝し、アトレティコ・マドリーがＵＥＦＡチャンピオンズリーグ決勝に進出したという背景があって始まった連載でした。レスターやアトレティコだけでなく、4―4―2でプレーするチームが目立ってきた時期でもありました。

4―4―2というと、個人的にはカッチリしたサッカーというイメージがあります。もっとも4―4―2にもいろいろありまして、カッチリどころかグチャグチャなのもあるにはありますけどね。現在の4―4―2につながるのは、80年代の終わりから一世を風靡したＡＣミランの4―4―2です。筆者がサッカー専門誌「ストライカー」で編集の仕事を始めたころでした。そのときの印象は強烈でしたね。相手チームには何もさせない、猛烈なプレッシングでボールを奪いとって、そのまま一気になだれ込んでゴールへ迫る……。戦術的にも分岐点となるチームでした。

一方で、「何か世知辛くなってきたなあ」と思っていたのを覚えています。あまりにも組織的すぎて、機械的で、息苦しい気がしたのです。ミッシェル・プラティニやディエゴ・マラドーナの時代だった80年代が、一夜にして古き良き時代として葬り去られた感があった。過去のものになってしまった。まあ、近代化というのはそういうものなのでしょう。

4-4-2はサッカーの合理化でした。最大限に効率を重視し、徹底的に理詰めで、それまでとは違う概念が導入され、ついていけないと時代遅れのチームとして淘汰されてしまう。当時はコーチたちの間で「ミラノ詣で」が流行したものです。ミランの練習場であるミラネッロには世界各国から、ミラン式4-4-2の原理を学ぼうと連日のように見学者が来ていたそうです。ミランは強くてモダンなサッカーの象徴でした。そして、カッチリしていました。

あんまりカッチリしたサッカーは見ていて面白くありません。いや、あくまで個人的な見解です。でも、プレーしてみると案外楽なんです、4-4-2。システムに身を委ねてしまえば、合理的に出来ているぶん無駄がない。チームの一部分として、歯車として、すんなり入れる。ボールの位置に応じてアメーバみたいに、ぐにゅぐにゅっと変形するチームという生き物の細胞になった感覚と言いますか。妙な一体感を得られたりします。

一体感は、4-4-2の隆盛を語るうえでのキーワードかもしれません。合理的なシステムなので、スーパースターがいなくても結構戦えます。やっぱりサッカーはチームスポーツなんですね。しかも、チーム一丸となってプレーすれば何とか道が拓ける競技でもあります。何しろあんまり点が入らないので、接戦に持ち込めば何とかなる。隙をみせずに生真面目にカッチリやっておけば、運が良ければ格上に勝つことも可能。4-4-2はそういう戦い方には、うってつけな感じがします。

合理的なので、見た目もスッキリしています。わかりやすい。英国系や北欧の4-4-2のラインは定規で引いたみたいに整然としていたものです。見ていてもプレーしてもわかりやすい。アイルランドとか、頑張っているのがわかりやすく伝わる。4-4-2の合理性、わかりやすさ、一体感が、全力尽くして燃焼するための装置となって上手く働いております。この燃焼感は英国系チームの魅力です。

グチャグチャなほうは、本書では取り上げていませんがカルロス・バルデラマがいたころのコロンビアが凄かったですね。英国系とは対極です。ディフェンスラインはわりと整然としているのですが、攻撃はショートパスと短いランの連続で、長いパスをほとんど使わない。ずっと局地戦なので、ずっとグチャグチャ。敵のプレスをアクロバット的なショートパスでぐり抜けて、主にバルデラマからスパッとスルーパスを通す。崩しきるまでにやたらと手数がかかるのですが、それだけにきれいに打開したときのカタルシスも大きい。全然合理的じゃないし、まあ一種の変態サッカーなのですが、面白いといえば相当面白い。これもいちおう4－4－2でした。90年イタリアワールドカップのコロンビアと似ていたのは、ユーロ96のポルトガルですね。マヌエル・ルイ・コスタ、ルイス・フィーゴ、ジョアン・ピント、パウロ・ソウザと変態ぞろいです。ショートパスのつなぎ倒しはコロンビア同様、いつゴールへたどりつくんだ感も同様。このへんはもう4－4－2とか関係ないです。

ミラン、あるいはその前のリバプールあたりから始まったカッチリした4－4－2は、90年代に最盛期を迎えたわけですが、現在の4－4－2はリバイバルです。00年代は4－4－2の変形である4－2－3－1が主流でした。アトレティコ・マドリーが2トップをガッチリ守備組織に組み入れる形の4－4－2で効果をあげてから、2トップが復活しています。

バルセロナの4-3-3がスゲーという時期に、ウチはそんなのやらないから、ポゼッションなんて関係ないからと、我が道を突き進んだディエゴ・シメオネ監督は偉かったと思います。バルセロナのマネなんかしていたら、アトレティコはたぶんリーガ・エスパニョーラの三強時代など作れなかったことでしょう。カッチカチの4-4-2、堅守速攻、恐ろしいまでの一体感。バルセロナ、レアル・マドリーという巨大クラブに対して、それでケンカ売っている感じがいい。アトレティコもかなりなビッグクラブなのですが、ビッグクラブ感があまりしない。あくまでも挑戦者。むしろアイルランド系の燃焼装置としての4-4-2ですね。

ただ、アトレティコは16-17シーズンを迎えてちょっと困っています。まず、レアル・マドリーがアトレティコのやり方をコピーしました。13-14シーズンのことです。バルセロナに勝つために、バルサに強かったアトレティコ式の4-4-2をレアルが採り入れたんですね。で、CL決勝でもそのまま使った。結果的に決勝戦はアトレティコ対アトレティコみたいになってしまいました。レアルが勝利してデシマ達成(通算10回目の優勝)。そして15-16のCL決勝もマドリード対決になったわけですが、そのときもレアルはちゃっかりアトレティコ風の堅守速攻を装って、PK戦の末ですが勝利します。考えてみれば、あんまりな話です。攻撃が看板のレアルと守備命のアトレティコの対決のはずが、いざ戦ってみたら互いにやっていることが逆。それというのもレアルが守りに入ったから。打倒レアル＆バルサで頑張ってきたアトレティコとすれば、こんなはずではなかったと。ジネディーヌ・ジダン監督、仁義なき戦いです。堅守速攻から速攻を奪ってしまえば残るのは堅守。堅守だけでは勝てません。レアルはあんまり堅守ではないのですが、アトレティコにボールを持たせておけば速攻は使えます。ちょっとだけ有利。

というわけで、アトレティコは相手がアトレティコ化したときにどうするかを問われています。それまでのアトレティコのままではいられなくなった。

15－16シーズンに、本人たちもビックリのプレミアリーグ優勝を成し遂げてしまったレスターにも同じようなことがいえます。16－17シーズンはCLに出られるので、戦力を充実させなければなりません。それで補強もしたわけですが、選手層が厚くなったぶんカッチリしていた部分がルーズになってしまった。プレミアリーグでも今度は追われる身です。チャンピオンですから相手は必要以上に構えてきます。ビッグクラブじゃないのにビッグクラブ扱い。クラウディオ・ラニエリ監督は苦労人ですから、そういう大変な状況でも地に足をつけて少しずつレベルアップを図っていくでしょうが、やはり難しい時期といえるでしょう。レスターも変化を求められています。

4-4-2自体も、4-4-2のままではいられなくなりました。4-3-3でも4-4-2でも、フォーメーションはキックオフ時の配置にすぎません。そこから状況に応じて変形します。変形コミで、4-4-2とか4-3-3と認識されています。

ただ、最近はその変形の具合がかなりダイナミックになっています。例えば、バルセロナは不動の4-3-3と思われていますが、実はけっこうな時間を4-4-2でプレーしています。敵陣からプレスでハメ込んでいくときに、リオネル・メッシを後方へ下げたくないので2トップとして前線に残しているからです。なので、そのまま攻撃に移行すると4-4-2になっているわけです。4-4-2のチームも、ハイプレスをやるところはだいたい変形します。逆にビルドアップのときにも変形は常套手段。そういうわけで、ハイプレス+ハイプレス外しの攻防では変形と変形の激突となり、フォーメーションは原型をとどめなくなることも起こっています。本書ではセビージャとバルセロナの対戦で、そのあたりをクローズアップしてみました。

カッチリしていないと4-4-2っぽくない気もしますが、現実には変形を余儀なくされていて、もはやフォーメーションは状況ごとに変えて認識したほうがいいのかもしれません。そうなると本書のテーマであるはずの「4-4-2」もかなり怪しくなっているわけですが、まあそういうものだと思し召しください。

Chapter 1
レスターとアトレティコの躍進

レスターの快挙

2015‐16シーズンのプレミアリーグは、開幕前には誰も予想しなかったレスター・シティの優勝で幕を閉じた。しかも、終わってみれば2位のアーセナルとは10ポイントの大差。シーズン前の降格候補が、ぶっちぎりの優勝だった。

スタープレーヤー不在のレスターはハードワークで栄冠を獲得している。ジェイミー・バーディー、リヤド・マフレズ、エンゴロ・カンテは新しいスターになった。しかしレスターの強みは個人能力ではなく全員の労を惜しまない運動量と組織力にあった。

フォーメーションは4‐4‐2。2000年代には一時下火になっていたが、13‐14シーズンにアトレティコ・マドリーがリーガ・エスパニョーラで優勝したのを境に復活した感がある。アトレティコは、従来の8人による守備ブロックを10人に増員して守備を強化した。守備が強化できたので、2人のストライカーを起用する余地も生まれた。主流になっていた4‐2‐3‐1の1トップから2トップを復活させたポイントは10人ブロックの全員守備である。

レスターの4‐4‐2は、アトレティコがリバイバルさせた4‐4‐2と同じだ。岡崎慎司とバーディーの2トップは、味方のMFラインに近づいて連係して守り、10人の守備ブロックを形成している。

新型4―4―2はFWの負担が大きい。【図1】

従来は、相手のセンターバックにプレッシャーをかけ、サイドバックへボールを吐かせれば守備の仕事はほぼ終わりだった。しかし、新型4―4―2ではさらにサイドバックから中央への横パスに対しても守備ができるポジションをとる。FWが下がることで、相手の横パスに対してFWとMF（ボランチ）の挟み込みが可能になり、FWとMFの間のスペースで相手に自由にボールを持たれるリスクをかなり軽減できる。FWが守備組織の歯車に組み込まれたことで、守備ブロックはより強固になった。FWの守備参加は新型4―4―2の生命線といえる。レスターではハードワーカーの岡崎はもちろん、チーム総得点の35パーセントを叩き出したバーディーも献身的に守備をしていた。

シーズン24ゴールのバーディーは堂々のエースストライカーだ。少し前ならば守備は免除されて、攻撃と得点のためのエネルギー温存を許されていただろう。しかし、現在のサッカーで特権階級を認められるのはレアル・マドリーのクリスティアーノ・ロナウドとバルセロナのリオネル・メッシぐらいになっている。彼らはシーズン40ゴールを記録するモンスターFWなの

図１　新型 4-4-2 における FW の役割

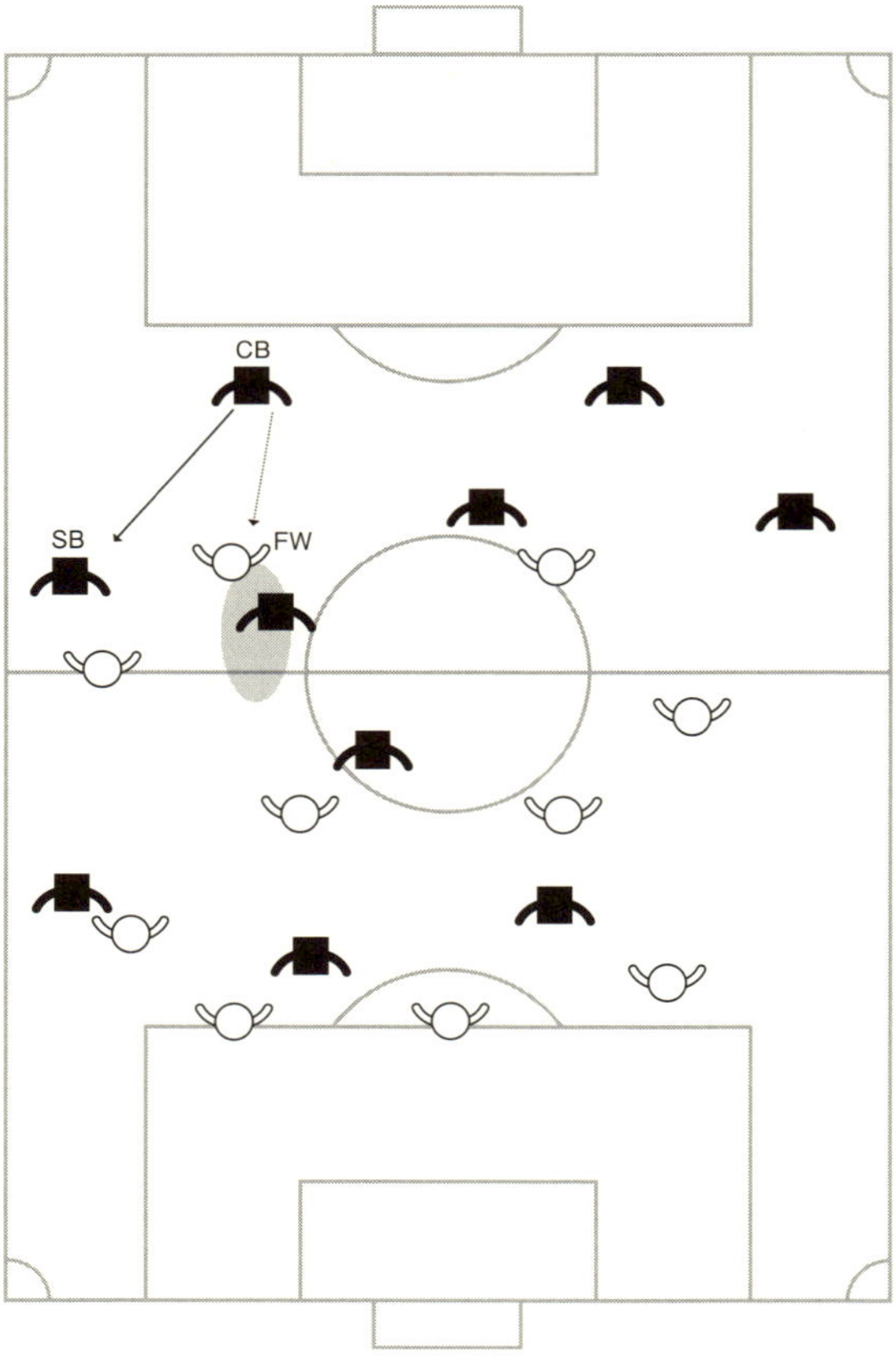

①ＣＢからＳＢへパスが出る
②ＦＷはＳＢからの横パスに対して守備ができる場所まで戻る

ボールの動き　人の動き　ドリブル

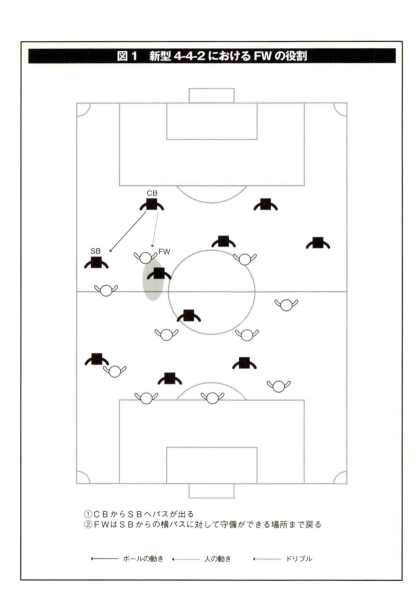

で、守備をしてもらわなくても十分お釣りがくる。しかし、年間30ゴールは微妙なところなのだ。年間30点も格別の得点能力で、15−16シーズンまでパリ・サンジェルマンに所属し、16−17シーズンからはマンチェスター・ユナイテッドでプレーしているズラタン・イブラヒモビッチがこのクラスに相当する。少し前なら、イブラヒモビッチも守備免除の特別枠だった。実際、パリSGではそれほど守備のタスクを担っていなかった。ただ、だからこそパリSGはUEFAチャンピオンズリーグで優勝できなかったのかもしれない。

30ゴール以下ならば守備のタスクを負ったうえで点もとれという、かなり過酷な要求をつきつけられているのが現状だ。バーディーはその要求にパーフェクトに応えた。

ただ、新型4−4−2のFWへの要求はこれだけではない。とくにレスターの場合はもう1つのポイントとなる要求があった。

FWが斜めのランニングでロングボールを引き出さなければならない。相手のサイドバックとセンターバックの間のスペース、いわゆる「ニアゾーン」への侵入はゾーンの4バックを攻略するうえで定石といっていい攻め手である。レスターでなくても手の内に入れておくべき攻撃ルートなのだが、レスターにおいてとくにこれが重要なのはビルドアップの能力が低いからだ。

DFからパスをつないで攻め上がることがあまりできない。そのためにDFからのロングボールが多くなる。ただ、漫然と大きく蹴り出すだけでは、ほとんどが相手のボールになってしまうし、そうなると全体が間延びしてしまう。ライン間が広がってしまえば10人ブロックは崩壊の一歩手前だ。

そこで無計画なロングボールではなく、ボールを蹴り出す場所に狙いを持つ。相手は攻撃で前に出てきていて、ボールサイドのサイドバックはかなり高い位置まで来ていることが多い。つまり、相手の最後尾にいるのは2人のセンターバックだけになる。センターバックの横のスペースが、レスターの狙う場所だ。中央から斜めに走って、このスペースでボールを受ける役割がFWに託されることになる。【図2】

ところが、レスターの場合はロングボールの精度そのものがあまり期待できない。狙う場所は決まっていても、そんなにどんぴしゃのパスを毎度供給できるわけではなく、タイミングもコースもかなりアバウトになってしまう。つまり、やっぱり大半は相手のボールになってしまうのだ。ここで岡崎の出番である。

レスターのDFが苦し紛れのロングボールを蹴ると、たいてい落下点には岡崎が急行している。ロングボールを収めること自体簡単ではないのに、さらにボールがアバウトだからほぼ相

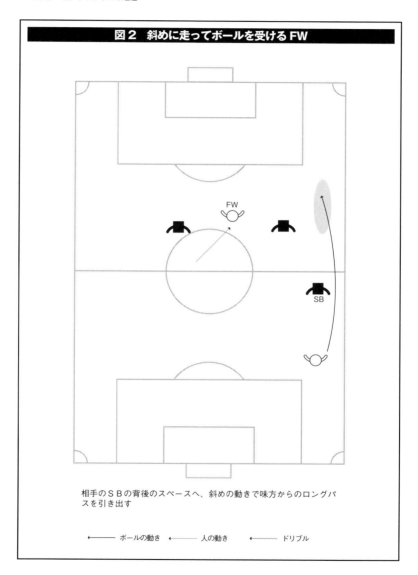

図２　斜めに走ってボールを受けるFW

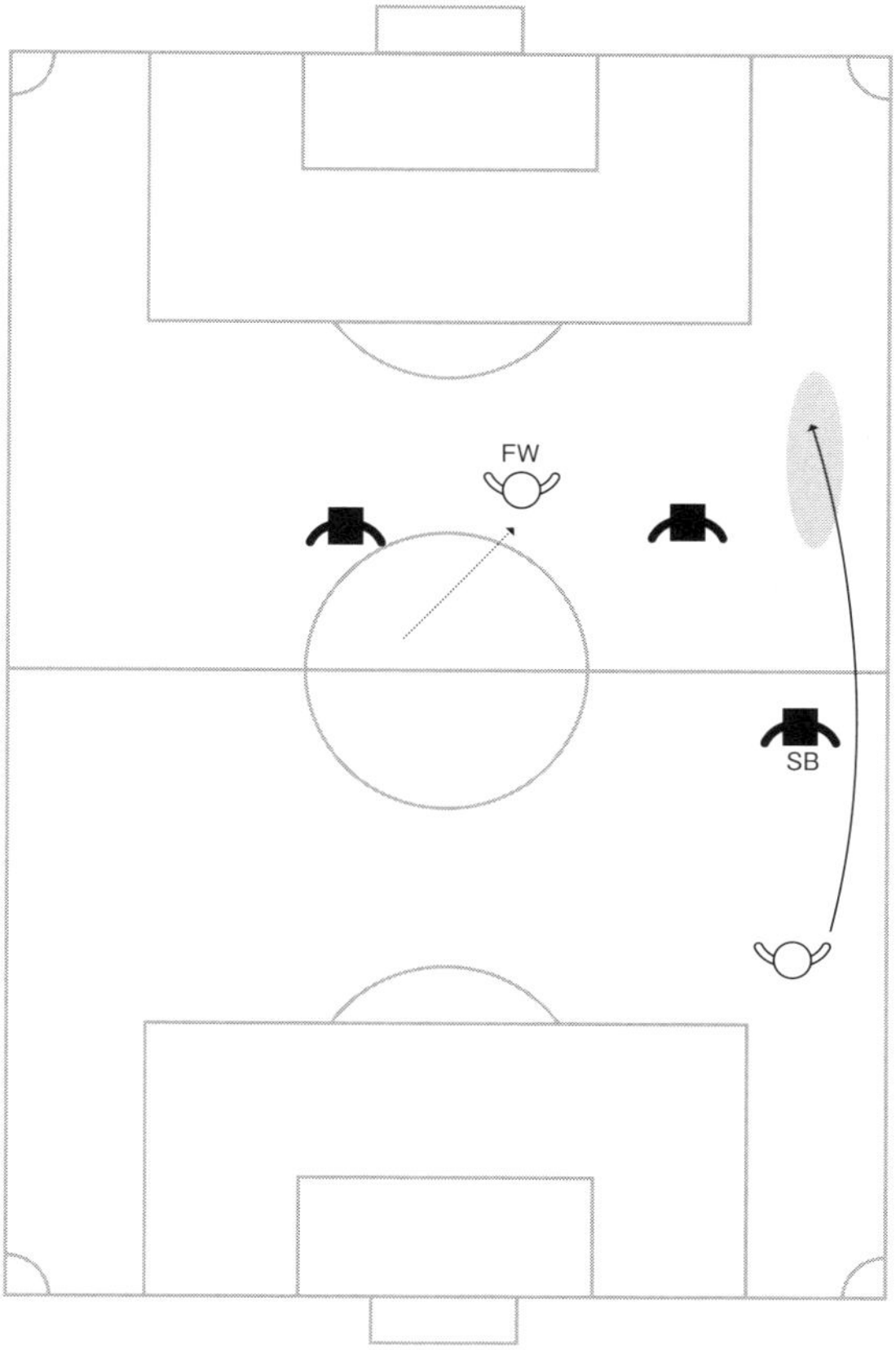

相手のＳＢの背後のスペースへ、斜めの動きで味方からのロングパスを引き出す

ボールの動き　人の動き　ドリブル

手が先に触るとわかっている状況だ。それでも岡崎は全力で落下点へ走っていく。そして、これがなければレスターの攻守は成り立たない。無理筋のロングボールでも諦めずに追いかけ、相手ボールになってもプレッシャーをかけて自由にプレーさせない。あわよくばボールを奪いとったり、ファウルを誘う、スローインを得る。この地味で泥臭い仕事がなければ、レスターはたちまち戦列が間延びして戦術的に破綻するのだから、非常に重要なプレーなのだ。

岡崎が筆頭格だが、バーディーも献身的にこの地味な役割を果たした。バーディーに関しては、むしろニアゾーン受けのスペシャリストといっていいぐらいで、斜めのランでディフェンスラインの裏へ入ってのフィニッシュは大好物。ただ、成功率の低い状況でのハードワークでは岡崎の右に出る者はない。

通常、4―4―2の攻撃でカギを握るのがMFの両サイドである。サイド攻撃だけでなく、中へ移動して相手のDFとMFの間のスペースでパスを受けて崩しの起点となる。この「間受け」は、現代サッカーの攻守両面で焦点となるプレーなのだが、レスターの場合はその手前のビルドアップが不安定なので、実は「間受け」はさほど決定的ではない。レスターのサイドハーフに期待されているのは、守備での貢献とカウンターアタックである。

カウンターアタックでは、いかに「攻め残るか」。守備のときに、ボールと反対サイドのサイドハーフが味方ボランチと同じところまで下がってスペースを埋めるのか、そこまで下がらずにカウンターアタックで有利なポジションに残るか、その判断がカギになる。どちらが良いかはそのときの状況、敵味方の力関係など、さまざまな要素が介在するので一概にはいえない。レスターでは、左のマーク・オルブライトンはほとんど攻め残らない。攻撃面でのオルブライトンはクロスボール職人で、サイドバックの少し前に位置するもう1人のサイドバックのようなプレーぶりだった。一方、右のマフレズはレスターで最も個人能力の高いテクニシャン、彼がカウンターアタックの軸になっていた。マフレズの攻め残りはある程度容認される。しかし、ボールポゼッションの低いレスターは攻め込まれる状況が多く、マフレズの攻め残り頻度も実はそれほど高くない。オルブライトンと同様に深く下がらざるをえず、長い距離の上下動をどれだけ繰り返せるかが課題だった。マフレズは課題をクリアし、得点とアシストの両面で大車輪の活躍をみせた。

ダニー・ドリンクウォーターとボランチを組むカンテ（16–17シーズンはチェルシーに移籍）のボール奪取能力も忘れてはならない。カンテは新しい〝マケレレ〟で、とくに相手の背後からファウルせずにボールをスチールする能力は格別だった。これがあるので、相手の「間受け」を阻止できたといっていい。配球力にも優れ、カウンターアタックの起点にもなっていた。レスターは個々の能力も低くはない。ただし、全体的には標準の域を出ず、優勝の要因はあくまでも全員のハードワークである。その点で4-4-2というシステムとの相性も良く、その利点を使い切ったともいえるかもしれない。4-4-2にもいろいろあるが、どちらかといえばレスターのような堅守速攻に向いている。そして、ハードワークを前提としたシステムでもある。

アトレティコ・マドリー

バルセロナとレアル・マドリーの二強リーグだったリーガ・エスパニョーラは、アトレティコ・マドリーの台頭で三強に変化した。スペインの両雄に肩を並べたアトレティコは、自動的にCLでも優勝候補の一角になっている。

バルサ、レアルに対抗するための堅守速攻に徹したプレースタイル。基本フォーメーションは4-4-2、この型のチームとしてはおそらく世界最強だろう。

アトレティコは2トップを守備組織に組み込んで、従来の8人ブロックから10人に増員して守備を強化した。「間受け」と「ニアゾーン」という4-4-2の構造的な弱点を克服しているのも大きい。

ゾーンディフェンス攻略のポイントは、ＭＦとＤＦの間へパスをつなぐ「間受け」だ。ＭＦ４人とＤＦ４人、この８人を線で結ぶと３つの四角形ができる。それらの中心にパスをつながれると、周囲の守備者４人はそこへ向かって収縮する。収縮することでボール保持者への圧力は強まるが、それだけ周囲にはスペースが空く。収縮してボールを奪いとる前に、広がったスペースへボールを逃がされてしまうと、守備のバランスが崩れやすくなる。もちろん絵に描いたように四角形が３つできているわけではないし、「間」へパスを入れられたときに周囲の４人全員がボールへ向かうわけでもない。だが、「間受け」をされると守備側がポジション修正を迫られる。そのぶん攻撃側に使えるスペースが生まれ、守備側には不利な状況になっていく。ごく単純化すると、守備側のＦＷとＭＦの「間」へつなぎ、さらにＭＦとＤＦの「間」へつなげば、次のパスでディフェンスラインの裏へ入ることも可能なのだ。【図３】

アトレティコは、この構造的な弱点をかなりの程度潰すことに成功している。

まず、引いて守る際には2トップがＭＦのラインに近づいているので、ＦＷとＭＦの間のスペースを自由には使われない。ここを自由にやらせないので、必然的にＭＦとＤＦへの「間受け」もされていない。攻撃側がアトレティコのＦＷとＭＦの間に入ってパスの起点を作れない

図３　ブロック内の間受け

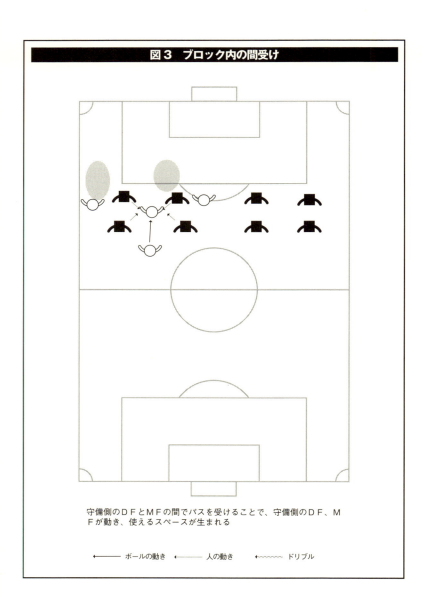

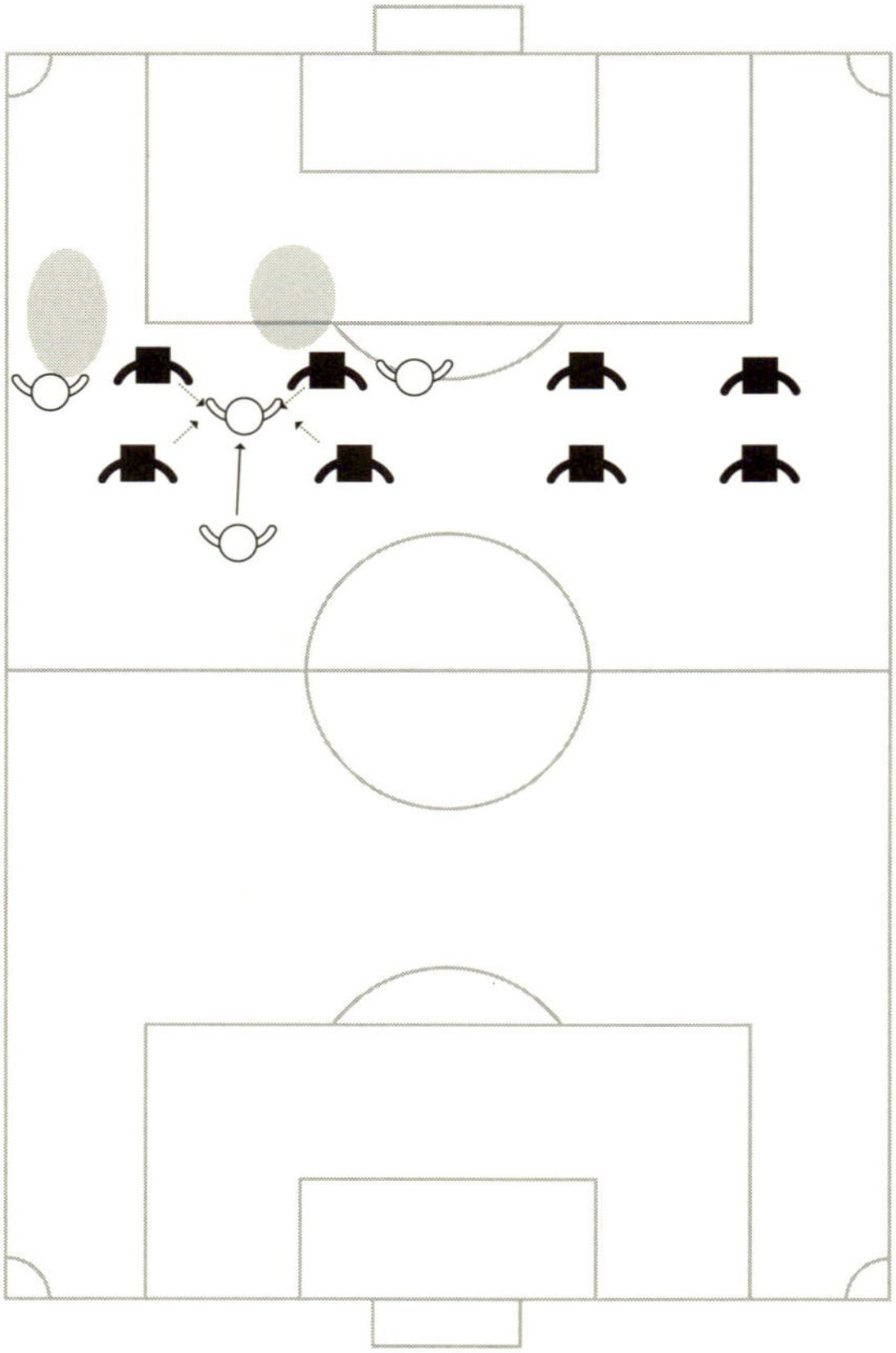

守備側のＤＦとＭＦの間でパスを受けることで、守備側のＤＦ、ＭＦが動き、使えるスペースが生まれる

ボールの動き　人の動き　ドリブル

となれば、バイタルエリアへつなぐパスの距離は長くなる。MFとDFの間へつながれても寄せる時間があるので、そこで潰せる確率が高くなるわけだ。さらにMFとDFの間隔自体も狭く、「間受け」に十分なスペースを攻撃側に与えていない。

もう1つの弱点である「ニアゾーン」についても、アトレティコは巧妙に封じている。CB（センターバック）とSB（サイドバック）の間にあるはずの「ニアゾーン」がほぼ存在しないのだ。

押し込まれたときのアトレティコは、ペナルティーエリアの横幅を4人のDFで守っている。SBの基本位置はペナルティーエリアの角。つまり、タッチライン際にいる相手選手をマークするのはSBではなくSH（サイドハーフ）になっている。実質的な最終ラインは4＋1の5人なのだ。通常なら、タッチライン際にいる相手をマークする選手（SB）と、CBの間隔が広がるので「ニアゾーン」が発生するのだが、アトレティコの場合はペナルティーエリア角にSBがニラミを効かせていて「ニアゾーン」が埋まっている。【図4】

さらにアトレティコが巧妙なのは、バルセロナの右サイドのような変則的な攻撃にも対応できるところである。

通常、攻撃側は攻め込んだ時点でウイングが中へ入って、タッチライン際にはSBが張り出

図４　埋まっているニアゾーン

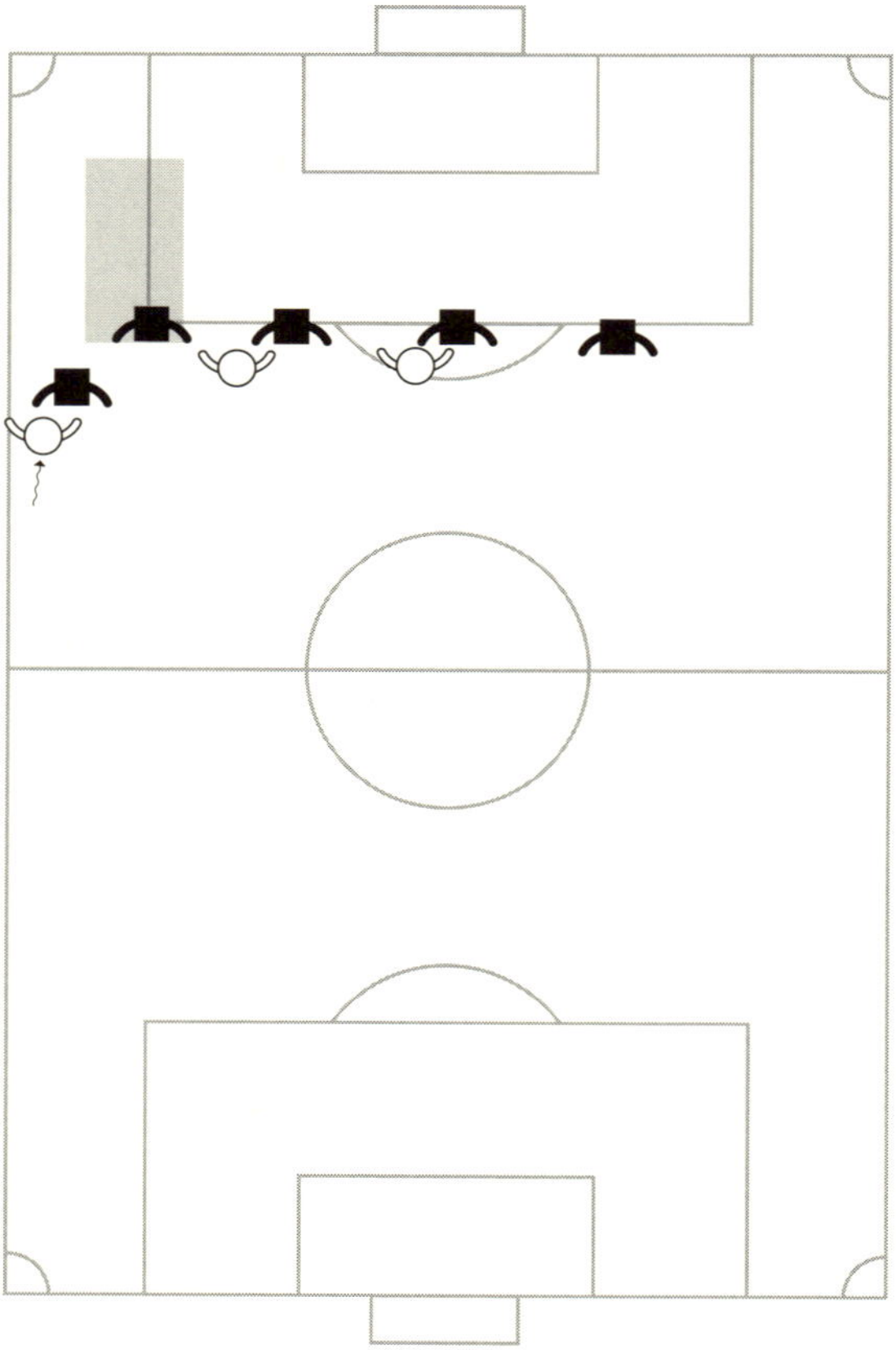

相手のサイド攻撃に対してＳＨが応対、ＳＢはペナルティーエリア角に待機する。４＋１の守備によって「ニアゾーン」を消す

してくる。対するアトレティコはペナ角のＳＢがウイングとマッチアップし、ＳＨが攻撃側のＳＢをマークすれば事足りる。ところが、バルセロナは右ウイングのメッシがかなり早い段階からトップ下の位置へ移動していて、タッチライン際にＳＢダニエル・アウベス（16−17シーズンはユベントスに移籍）が上がっていく。仮に、ここでアトレティコのＳＨがＤアウベスをマークし、ＳＢがペナ角ポジションをキープした場合、中盤中央に数的不利が発生してしまう。簡単に言えば、アトレティコの左ＳＢが誰もいない場所を守っているぶん、メッシが浮いてしまうわけだ。【図5】

こうした変則的な相手に対しては、アトレティコも変則的に対処する。左ＳＢは「ニアゾーン」を塞ぐべくペナ角ポジションをキープ。そしてタッチライン際のＤアウベスは放置し、ＳＨは中央を固める（主にインサイドハーフのラキティッチをマーク）。これで中央の数的不利は発生しない。フリーにしているＤアウベスへパスが渡る段階で、はじめて左ＳＢがペナ角から発進してプレッシャーをかけにいく。【図6】

そうなると、埋めていたニアゾーンが空いてしまうのだが、ＭＦはマッチアップが出来上がっているので、走り込む相手にはマンマークでついて対処すればいい。ＦＷ（スアレス）の斜めのランについてもＣＢがつききる。ニアゾーンは空くけれども、そこへ入ってくる相手には

図５　中に入ってくるメッシ

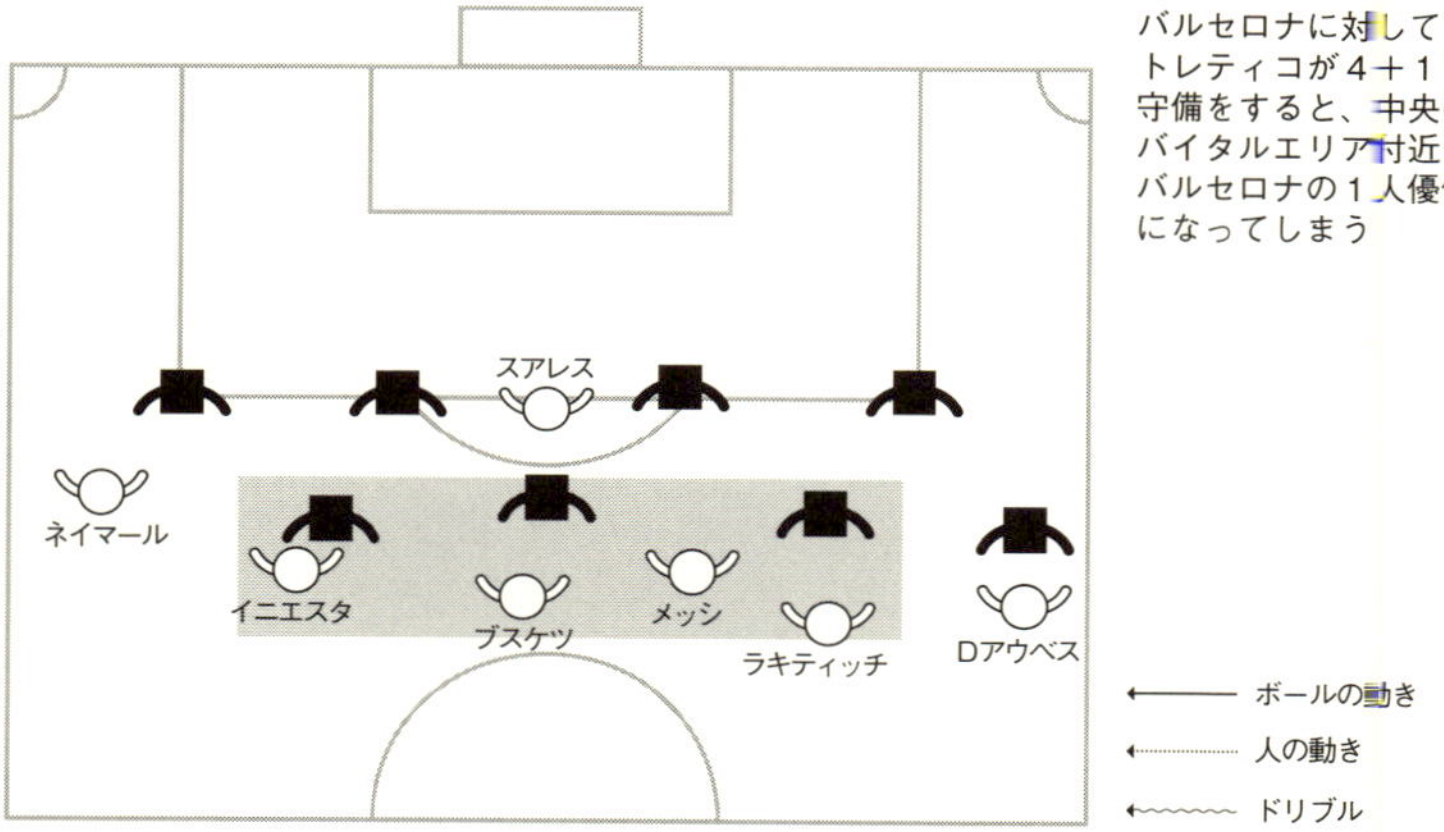

バルセロナに対してアトレティコが４＋１で守備をすると、中央のバイタルエリア付近がバルセロナの１人優位になってしまう

図６　左 SB の変則的対応

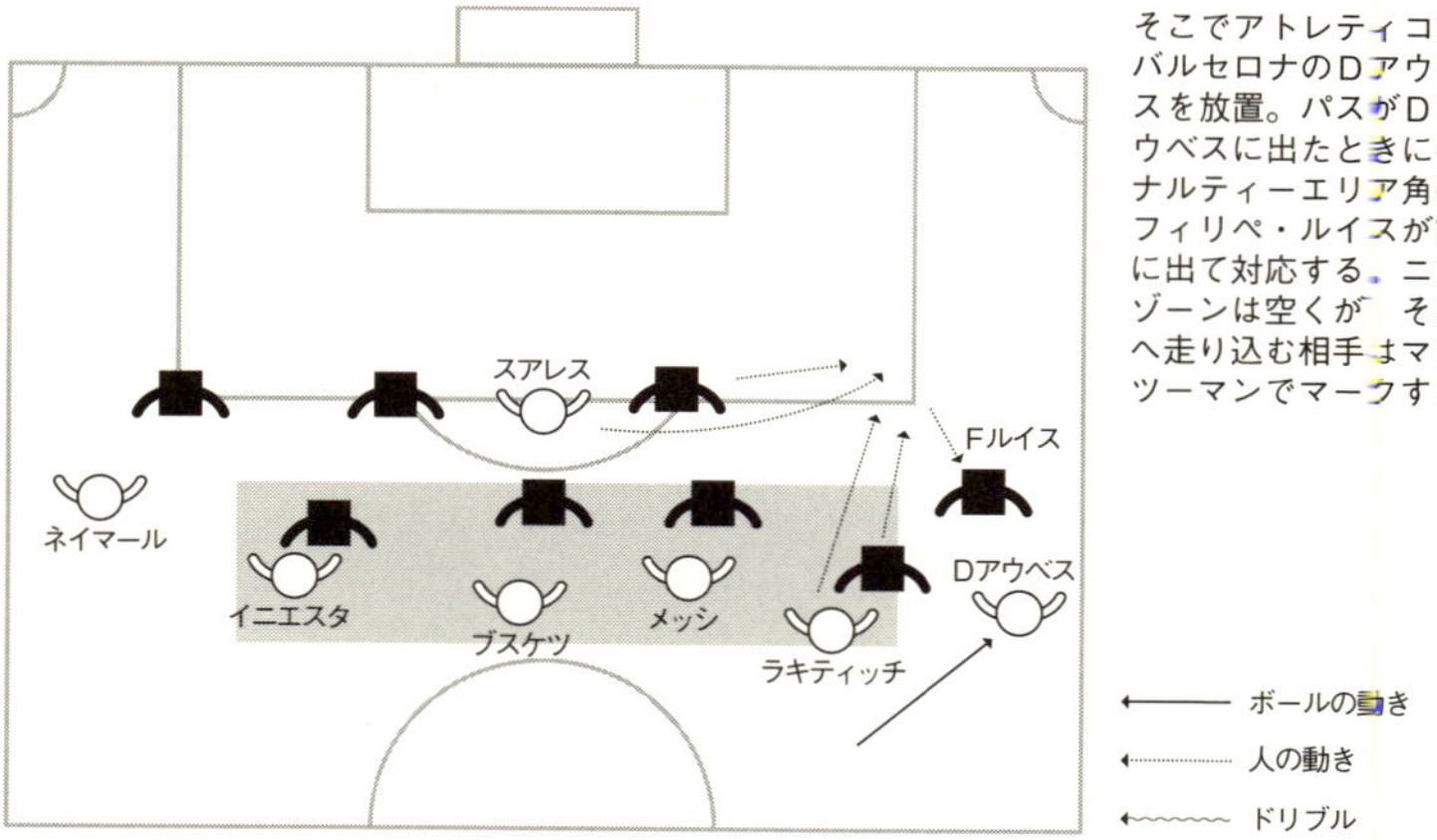

そこでアトレティコはバルセロナのDアウベスを放置。パスがDアウベスに出たときにペナルティーエリア角のフィリペ・ルイスが前に出て対応する。ニアゾーンは空くが、そこへ走り込む相手はマンツーマンでマークする

ピッタリとついて使わせない。走り込んだ選手にパスが出なければ、その時点でマークしている選手がニアゾーンを埋めていることになる。

「間受け」と「ニアゾーン」という、4－4－2の弱点をかなりの程度克服しているアトレティコは、全体的にも守備のメリハリが効いていて一体感が明確に表れている。

守備エリアは敵陣、中盤、自陣の3つに分かれていて、それぞれ守り方が違う。

敵陣での守備はFWの追い込みが特徴的だ。2トップの1人がボール、もう1人が中央のボランチを抑える。サイドを変えられても同じ。その他はマンマークでボールに近いところからパスの受け手を抑え、相手の逆サイドにいるSBをフリーにする。逆サイドのSBは最もボールから遠い後方の選手なので、ここは放置し、アトレティコの最終ラインで数的優位を確保する。【図7】

アトレティコの前線からのプレスは速く厳しいが、ここで止められないときに深追いはしない。例えばフリーにしているSBまでパスを回されてしまえば、基本的には後退して中盤エリアの守備へ移行する。

中盤エリアでは、ディフェンスラインをなるべく高く置き、FWはMFのライン近くまで後退する。この段階では相手のCBを放置。コンパクトな10人ブロックを形成して、その中へ入

図７　逆サイドのサイドバックは放置

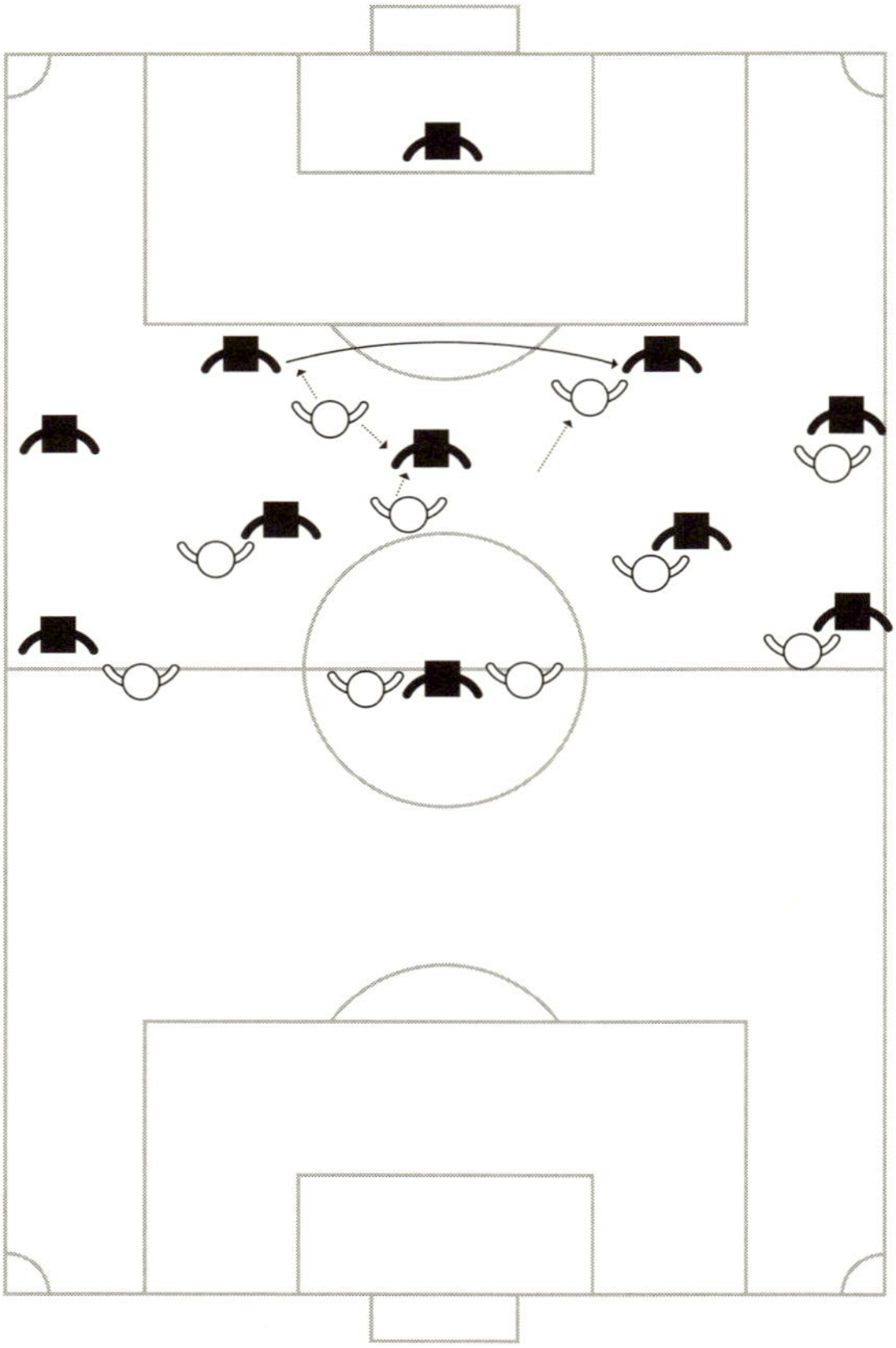

①２トップはボールを持っているＣＢとアンカーをマークする
②ＭＦはボールサイドへスライド
③ボールと逆サイドの相手ＳＢは放置する

ボールの動き　人の動き　ドリブル

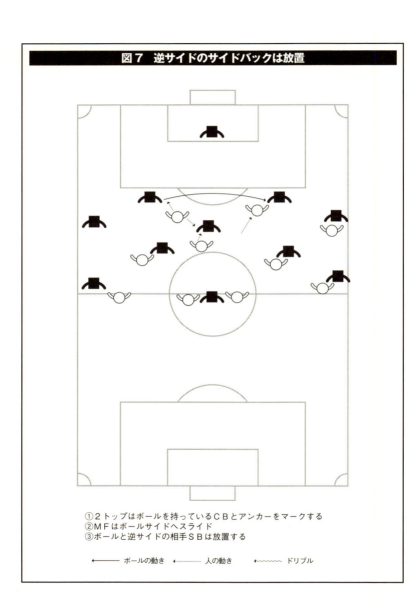

ってくるボールを狙う。【図8】

この中盤エリアでの守備では、ボールを持っている相手選手の状態によって全体の動き方が変わる。相手が前を向ける状態なら、パスコースを切って限定する守備に専念し、全体的に下がりながら自陣に引き込むような守り方をする（MFとDFの間を狭める）。一方、ボール保持者が横向き、後ろ向き、あるいはボールコントロールが難しい体勢のときは、全力で詰め寄せ、ディフェンスラインも押し上げてスペースを消す。ここで相手が後方へパスした場合は、そのまま前方へ全体を押し上げながら最初の敵陣プレスの守備に移行することもある。つまり、中盤エリアでの守り方によって自陣に引いた守備に移行したり、最初の敵陣でのプレスに戻ったりする。

自陣深く守るときは、ディフェンスラインをペナルティーエリア外の線上に置いて、中央から固めていく。バイタルエリアを狭く、ニアゾーンも消す。【図9】

敵陣、中盤、自陣と3段階の守備があり、それぞれのエリアでどういうときにどう守るかの共通認識が徹底されていて、一糸乱れぬ守備が出来上がっている。アトレティコはビッグクラブの1つなので、選手個々の能力も非常に高い。ただ、その強さのベースは守備の組織力にある。カウンターでもセットプレーでも、1点とれば2点目が必要ないほど守備が強い。失点が

図８　中盤エリアの守備

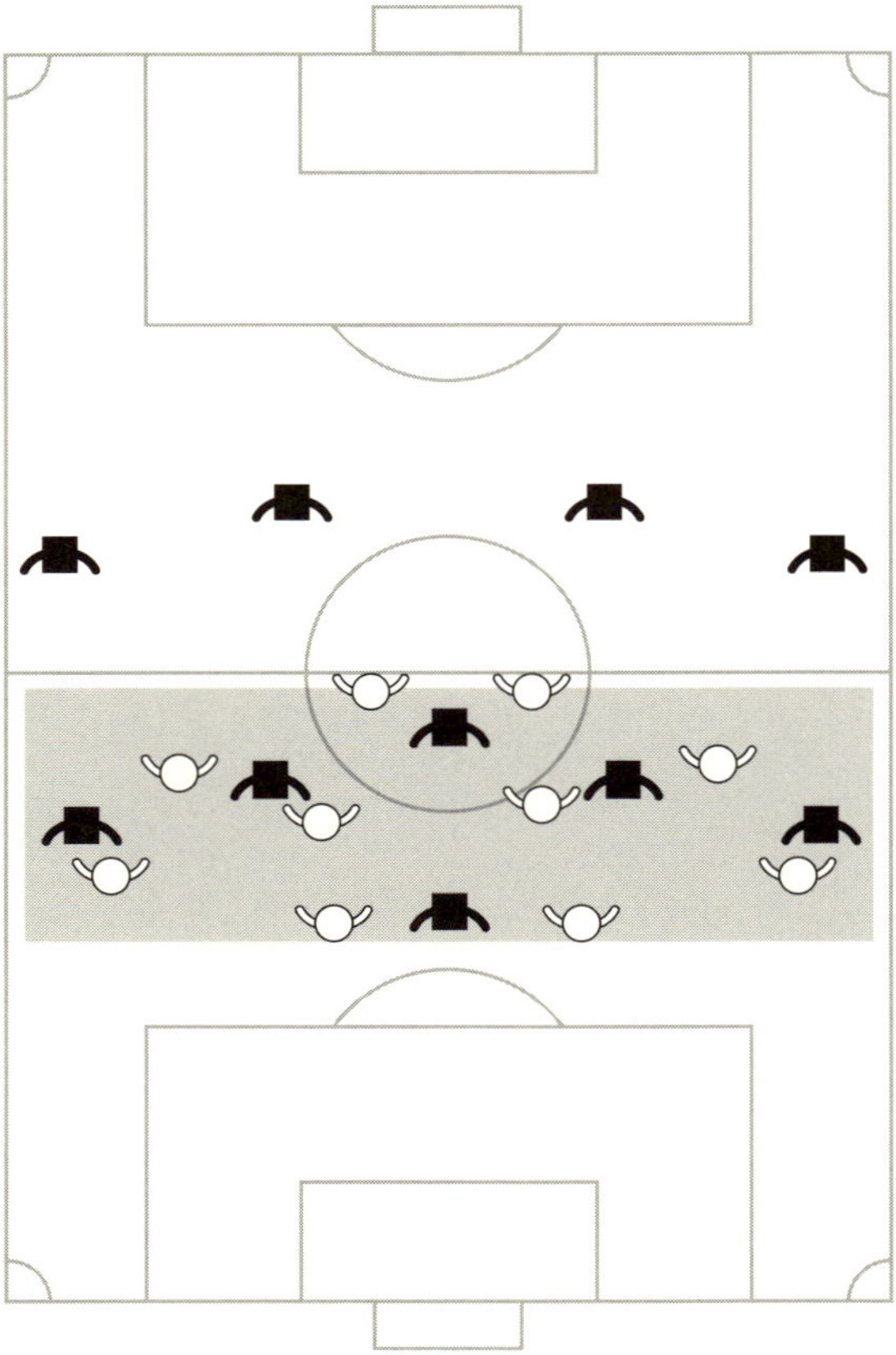

ディフェンスラインを自陣の半分あたりに設置。ＦＷも引いて１０人がコンパクトになってブロックを形成する。相手のボールホルダーの状態に応じて、コースを切るかアタックするかを決める

図９　自陣エリアの守備

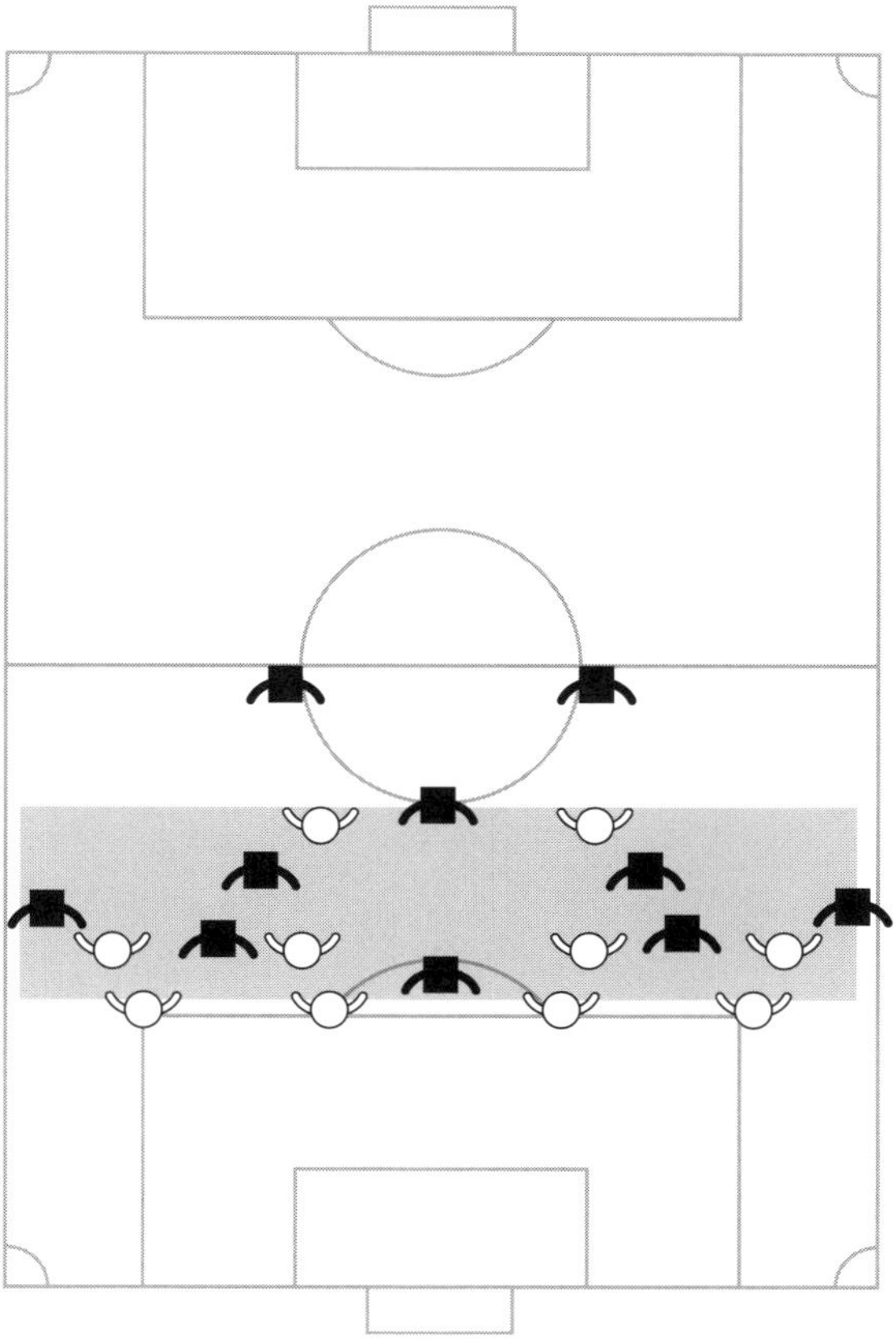

ディフェンスラインはペナルティーエリアの外側付近。全体をよりコンパクトにして相手の間受けスペースを狭く、ＳＨはＳＢと連係できる位置まで引いてニアゾーンを消す

←―― ボールの動き　←…… 人の動き　←〜〜 ドリブル

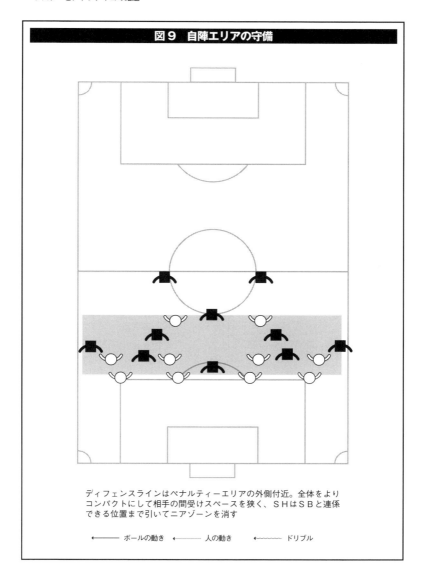

少ないので、そんなに得点できなくても勝てる。ＣＢディエゴ・ゴディンのヘディングはセットプレーでの得点源になっていて、流れの中で崩せないときでも奥の手がある。

堅守速攻の落とし穴

「カウンターアタックを戦術の基盤にするのは不可能だ」

セサル・ルイス・メノッティはそう言っている。攻撃サッカーの熱烈な信奉者である元アルゼンチン代表監督によると、カウンターアタックとは「突然芽生える恋心のようなもの」だそうだ。

アトレティコ・マドリーは守備だけのチームではない。鋭いカウンターアタックを武器にしている。サイドで細かくパスをつなぎきるなど、攻撃面でも確かな技術を持っている。ただ、彼らの攻撃は守備を犠牲にしない。相手のカウンターを食らわないように計算されている。強みである堅守をキープしながらの攻撃だ。

終始弱みをみせない。しかし、これこそがアトレティコの弱みだった。

15－16シーズンのＣＬ決勝で対戦したレアル・マドリーは普段よりずっと慎重にプレーして

いた。カゼミーロをアンカーに置いた4―1―4―1のフォーメーション、いつもは攻め残るロナウド、ベイルもしっかりと引いて守備に入っていた。興味深いのは、前半にレアルが先制した後、攻めるアトレティコと守るレアルという、双方の特徴とは逆の構図になっていたことだ。レアルの守備が盤石だったわけではない。ロナウドの守備は不安定で、ぺぺとラモスのＣＢの位置も低い。守ろうとしているわりにはバイタルエリアはスカスカで、アトレティコは何度もそこにパスを入れていた。ところが、アトレティコもそんなレアルの守備を崩しきれない。守備のリスクを負って攻めることに慣れておらず、せっかくバイタルにつなげているのに上手く仕掛けていけなかった。

その点で、レアルのほうが弱みを晒しながら戦うことには慣れていた。

〝20世紀のクラブ〟は、もともと攻撃過多のアンバランスなまま戦い続けていて、それは最初に欧州王者に輝いたときからおよそそうなのだ。同じ攻撃型チームでもバルセロナほど緻密ではなく、攻守の循環を作れていない。ＣＬ最多11回の優勝も常に圧倒的だったのではなく、負けているはずの試合を何とか勝利に結びつけたケースも少なくなかった。アトレティコを破った15―16のファイナルも延長1―1の末のＰＫ勝ちである。

ロナウド、ベイルが普段より守備に足を使いすぎたせいか、世界一であるはずのカウンターアタックの威力すら欠く始末。しかし、それでもレアルは勝った。互いの強みで勝負するのではなく、弱みをさらけ出す戦いに持ち込み、いわば場外乱闘で120分間ドローという結果をたぐり寄せたわけだ。むしろ、完璧に出来上がったチームだったらこうはできなかったと思う。

レアルは守るようには出来ていない。ロナウド、ベンゼマ、ベイル、モドリッチ、クロースをくたくたになるまで守らせるのは得策ではなく、毎試合それができるわけもなく、そもそもそうする必要がないのだが、この一戦に限っては必要で、それができたのは監督がジネディーヌ・ジダンだったからだ。

プライドが山より高い選手たちに、プライドを捨てて気力と体力で勝てと命令できるのはおそらく彼だけだろう。敗れていればジダン監督のクビはつながらなかったはずだ。シーズン途中の就任というエクスキューズはあるが、このクラブを率いて無冠は許されない。追い込まれた状況だったからこそ、普段とは違う戦いもできたのだろう。

ただ、もしレアルが攻守に完璧な循環を確立していたなら、決勝でヨソイキの服を着ることはなかったはずである。普段どおりでは勝てない相手だったから、イレギュラーな戦術を選択した。バルセロナとバイエルン・ミュンヘン以外に使う予定はないはずだったが使わざるをえなかった。最も華麗かつ最強であることを要求されるクラブではあるが、二者択一なら結果である。そういうときの底力は過去にも何度となく証明している。何とかしてしまうパワーでは、歴史的にマンチェスター・ユナイテッドと双璧だろう。ユナイテッドがクラブとして経験した「悲劇」という起爆剤もなしにやり通せてしまう図々しさは格別といえる。

アトレティコは堅守速攻のチームとして完璧だった。だが、それは自分の土俵に持ち込めたときの完璧さでしかない。

アトレティコのように守り、レアルのように攻められれば、本当に完璧なチームといえるかもしれないが、アトレティコのように守るならレアルの選手では無理であり、レアルのように攻めるならやはりアトレティコは人選を変えなければならない。結局、レアルとアトレティコを合わせたチーム作りは現状では不可能。軸足はどちらかに定めなければならない。

堅守速攻に特化したアトレティコは、チームの完成度においてレアルより完璧に近かった。だからこそ、自分たちの戦い方を変えられない。自分たちがボールを保持し、引いた相手を崩さなければならなくなったとき、かなり不細工なレアルの守備ブロックを前にアトレティコは攻めあぐねてしまった。自分たちが決してなりたくないもの、〝小さなレアル〟になってしまった居心地の悪さに戸惑っているようだった。カウンターアタックを戦術の基盤にしたチームの悲哀といったら言い過ぎだろうか。レアルの守備は決して難攻不落ではなかったのだが、アトレティコはリスクを負って攻めるようには訓練されておらず、レアルのパスワークと高速カウンターを考えれば前がかりのプレッシングに徹するのも難しかった。

一方、レアルはこれまで完璧だったことがない。常に不完全なまま、進歩もせずに、王座に居座り続けてきた。最高のプレーヤーを集めている自分たちは最高であり、進歩の必要性を感じていない。いつも攻守のバランスに問題を抱えているけれども、さしたる解決もないまま、史上最多のCL優勝回数を重ねてきた。不完全なことに慣れきっている。今回もふてぶてしく盾と矛の交換を申し出て、中途半端な死闘に持ち込んで生き残った。バルセロナやバイエルンなら、まず矛を手放しはしない。それをあっさりやってしまうレアルの図太さはやはり特別である。

バルセロナの4-4-2

バルセロナといえば、4-3-3の代表格だ。ドリームチームと呼ばれたときは3-4-3が多かった。現在もときどき3-4-3を使っている。もともとは4-3-3におけるCBのポジションを1つ上げて3-4-3にしているので、4-3-3と3-4-3は同類なのだ。バルセロナはプレースタイルに強いこだわりを持っているが、実はフォーメーションにはさほど固執していない。

「フォーメーションは相手に合わせる」

ドリームチームのコーチ、強化部長、監督も務めたカルレス・レシャックは、そう話しているのだ。カンテラでは、試合中に相手のフォーメーションに応じて変化するトレーニングを積んでいるそうだ。

ただ、バルセロナはあまり2トップを用いない。まれに3–5–2をやることはあったが、1シーズンに1回あるかないかの頻度である。基本的には3トップ、現在もメッシ、スアレス、ネイマールのMSNが看板だ。

ところが、16–17シーズンになってバルセロナは2トップでプレーすることが多くなっている。表向きは4–3–3のままなのだが、実際には4–4–2になっている時間がかなりあるのだ。

まず、守備のときに2トップになっている。

バルセロナの守備の特徴は、敵陣から素早くプレッシングを行うところにある。攻守が切り替わった瞬間から、ボールホルダーへの寄せとボール周辺のマークを迅速に行い、即時にボールを奪回するか、苦し紛れのロングボールを蹴らせて回収する。このハイプレスで奪いきれないときは、第二段階として中盤での待ち受け型守備に移行する。さらに押し込まれたら、第三段階として4－5－1となってブロックを形成して守る。ただし、第三段階まで押し込まれることは少なく、第二段階ですらそう多くはない。

いずれにしてもバルセロナの守備は4－3－3の組織運用に沿ったものだった。下がるときに両ウイングが後退して4－5－1になるだけ。ところが、16－17シーズンはスアレスとメッシを前線に残す4－4－2の形で守備をするケースが増えているのだ。これは対戦相手のビルドアップのやり方に関連している。

ゴールキックから攻撃を開始する際、多くのチームがCBを左右に開かせてパスをつなぐようになった。CBとポジションが重なるSBはより前方にポジションをとり、左右に大きく開いたCBの間には、MFの1人（アンカー）が下りてくる。そしてGKも含めたパスワークからボールを前進させていく。このビルドアップの手法はもともと10年前ぐらいからバルセロナが得意としていたものだった。それが現在は多くのチームによって採用されるに至っているのだ。

通常の4－3－3におけるプレスのかけ方では、CBの1人にCFがつき、もう1人はインサイドハーフがマークする。SBに対してはウイングがつく。だが、このやり方だと右ウイング

図 10　インサイドハーフの守備

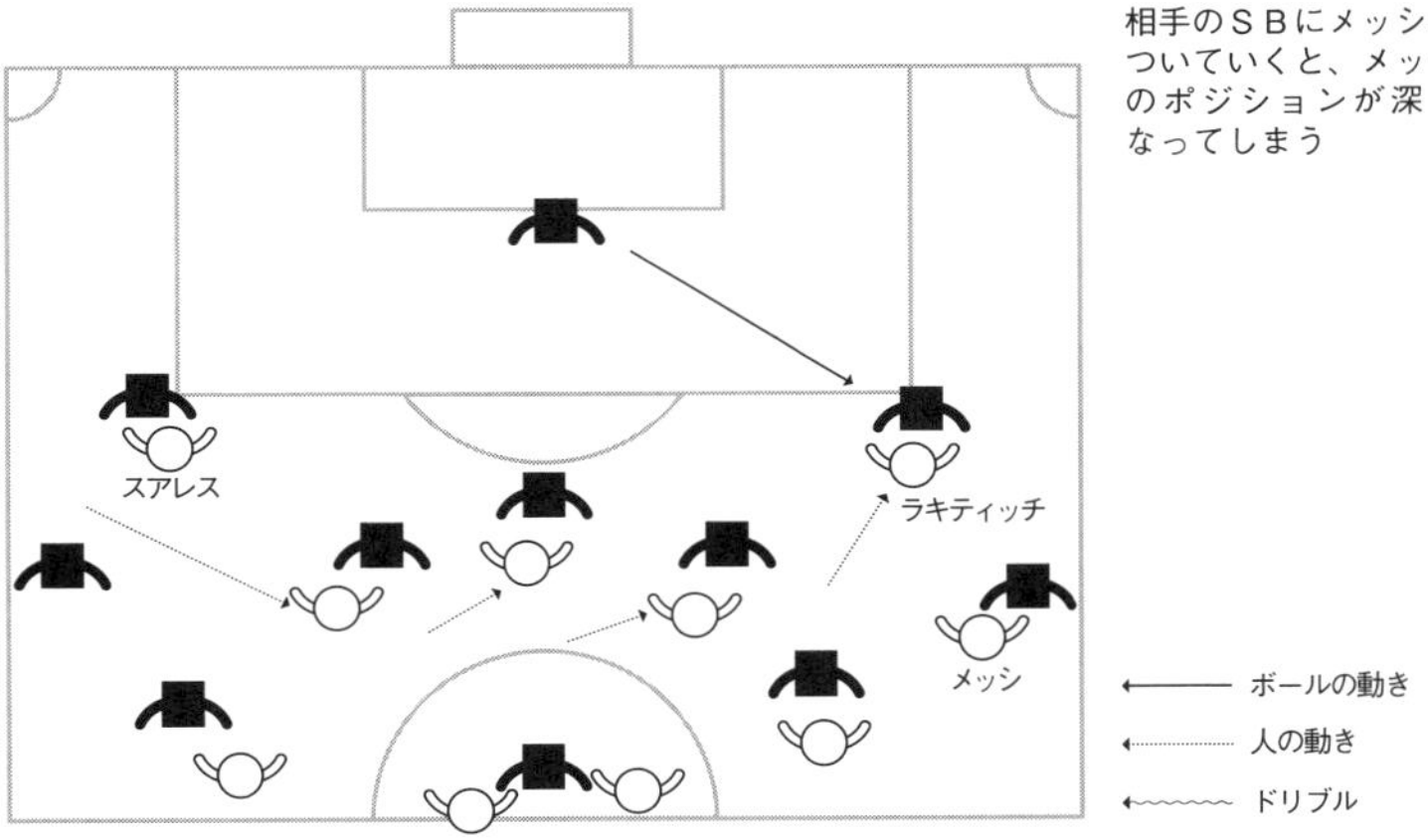

相手のＳＢにメッシがついていくと、メッシのポジションが深くなってしまう

図 11　バルセロナの 4-4-2

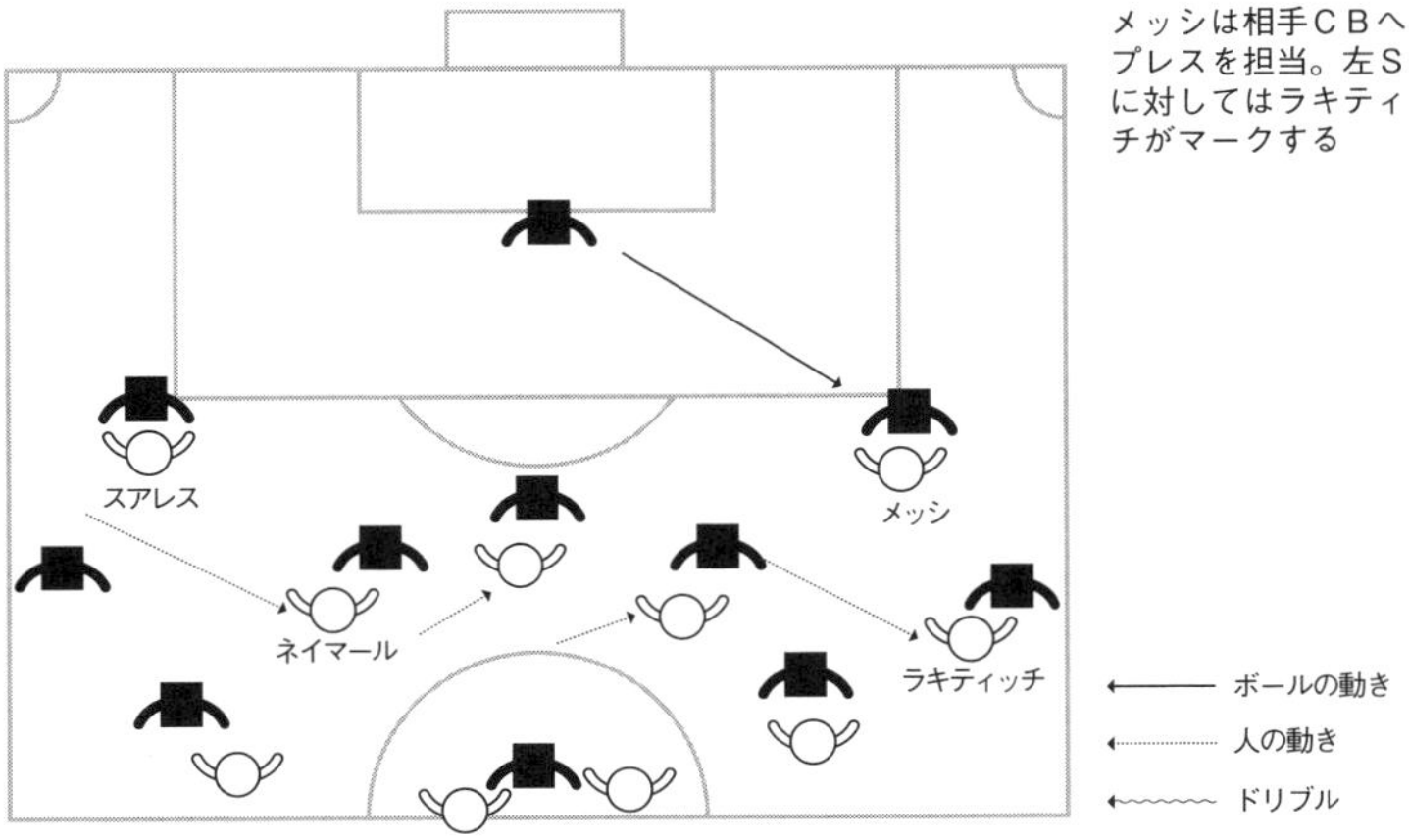

メッシは相手ＣＢへのプレスを担当。左ＳＢに対してはラキティッチがマークする

のメッシが相手の左ＳＢをマークして下がらなければならない。ハイプレスでボールを奪っても、メッシのポジションが低すぎてハーフカウンターに参加できなくなってしまう。【図10】

そこで、バルセロナはＣＢに詰める役割をインサイドハーフではなくメッシにやらせている。相手のＣＢに対してはメッシとスアレスがプレス、ネイマールは中盤に下りて３人のＭＦとともにラインを形成する。このときの形が４−４−２なのだ。【図11】

バルセロナはハイプレスでボールを奪える機会が多いので、そこからの攻撃も４−４−２を基準に展開される。それで４−４−２でプレーしている時間が増えているわけだ。自陣に押し込まれたときには、メッシも右ウイングとして引いてきて４−５−１の従来の形で守るのだが、守備の第一段階と第二段階が４−４−２になっている。

ＭＳＮが結成された２シーズン前は、４−３−３のままでのオーガナイズだった。メッシはすでに「偽９番」ではなく右ウイングの「偽７番」になっている。ただ、ＣＬで優勝した14−15シーズンのＭＳＮは３人とも前線に残る形が多かった。前線のプレスは行うが、そこから自陣へ引くことはあまりなかった。守備が第一段階で終わっていたこともあり、また３人が攻め残ることでカウンターの脅威があるので相手が攻撃に出てこなかったのだ。戻らなければならないケースでは、ときどきスアレスがメッシの代わりに戻っていた。かつてはロナウジーニョの代わりにCFのサミュエル・エトーが左ウイングとして自陣まで戻っていたことがあり、ウイングがエースのときのバルセロナはときどきこの方法を使う。

3シーズン目の16–17シーズンは、対戦相手が後方からビルドアップしてくるケースが増えた。4–4–2はそれに対応したものと考えられる。メッシは攻撃終わりで、ほとんど中央に入っている。そのまま最前線で守備をするほうが運動量もセーブできるし、メッシとスアレスを前線に残せばカウンターも有利だからだ。

バルセロナのライバル、レアル・マドリーも同様にロナウドを攻め残らせている。スター揃いの両雄だが、チーム内のヒエラルキーははっきりしていて、バルセロナはメッシ、レアルはロナウドが第一バイオリンというわけだ。ネイマールやベイルはそのぶん守備負担が増える。ただ、レアルの場合はバルセロナほどエースの消耗に配慮したシステムが確立されていないようで、ロナウドをチームとして前に残すというより、たんにロナウドが攻め残っているようなケースも多かった。そのためジダン監督はロナウドを2トップで起用するようになっている。

Chapter 2

4-4-2クロニクル

グランデ・インテル

オフサイド・ルールが現行の「2人オフサイド」に変更された時点では2人のウイング、1人のCF、2人のインサイドフォワードによる5トップが主流だった。ルール改正に伴ってイングランドのアーセナルが、CH（センターハーフ）のポジションを下げたWMシステムを開発。やがて2バックから3バックが主流になっていった。【図12】

システムの変遷は、基本的に守備者の増員という形で推移している。2バックから3バック、そして4バックとDFの数が増えていく。当然、MFやFWの数がそのぶん減っているわけだが、FWが2人になる契機が「リベロ」の導入だった。

1960年代に一気に普及していくリベロとは、マンツーマンで相手FWをマークするDFの背後でカバーリングを行うDFである。特定のマークを持たないフリーバックだ。当時のFWは3人ないし4人なので、DFの数は4または5となる。そうなると前線と中盤の構成を変えなければならない。

63-64、64-65シーズンとチャンピオンズカップ（現在のCL）で連覇を達成したインテルも

図 12　WMシステム

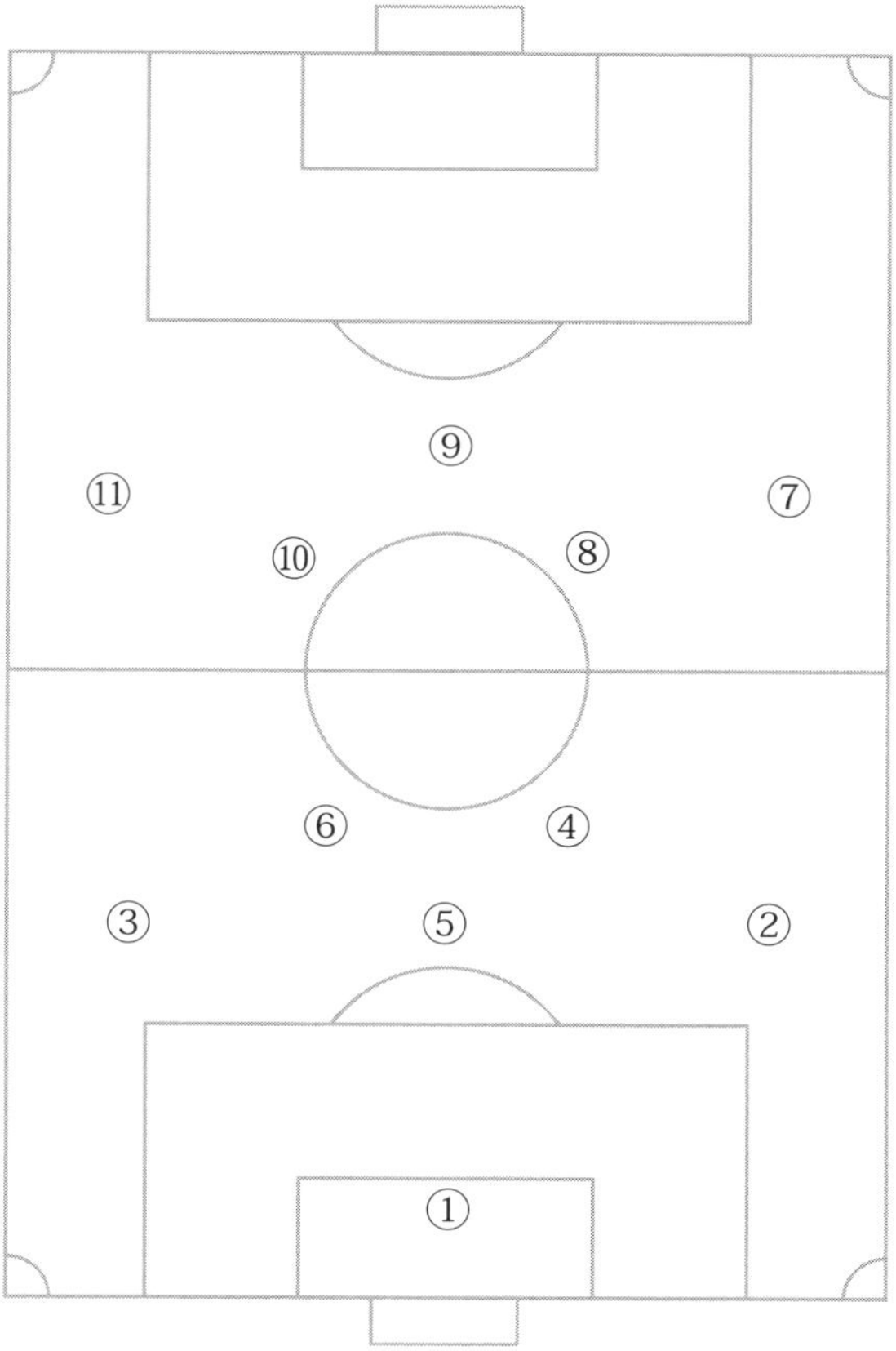

WMシステムでは、それまでの2バックシステムのCH（5番）を下げて3バックとした

リベロ・システムだった。【図13】

アルマンド・ピッキをリベロに据え、4人のマーク役、中盤の司令塔（ルイス・スアレス）、2人のウイング、CF、トップ下という基本構成である。2トップの起源は、おそらくこのインテルになると思う。

形としては現在の4−2−3−1に近い。最前線にアンドレア・ミラニ、右ウイングにジャイール、左にマリオ・コルソ、そしてミラニの後方にサンドロ・マッツォーラ。どこまでをFWにカウントするかによるが、ミラニとマッツォーラによる縦の2トップとみることもできる。というのも、左右のウイングの稼働範囲が非常に広かったからだ。

右のジャイールはタッチライン沿いに大きく上下動するタイプで、いわゆる「ワーキング・ウインガー」。58年ワールドカップでブラジルのマリオ・ザガロが始めたといわれる、中盤と前線を兼任するサイドアタッカーである。後に現れる本格的な4−4−2において、キーになる役割がこのワーキング・ウインガーだった。

左ウイングのコルソはさらに攻守に幅広く動き、どのポジションなのかわからないぐらい神出鬼没。両ウイングの動きが大きいので、むしろ前線に残っていたのがCFとインサイドフォワード（マッツォーラ）という形となり、見方によっては2トップだった。はっきりした2ト

図13　インテル（1963-64、64-65 シーズン）

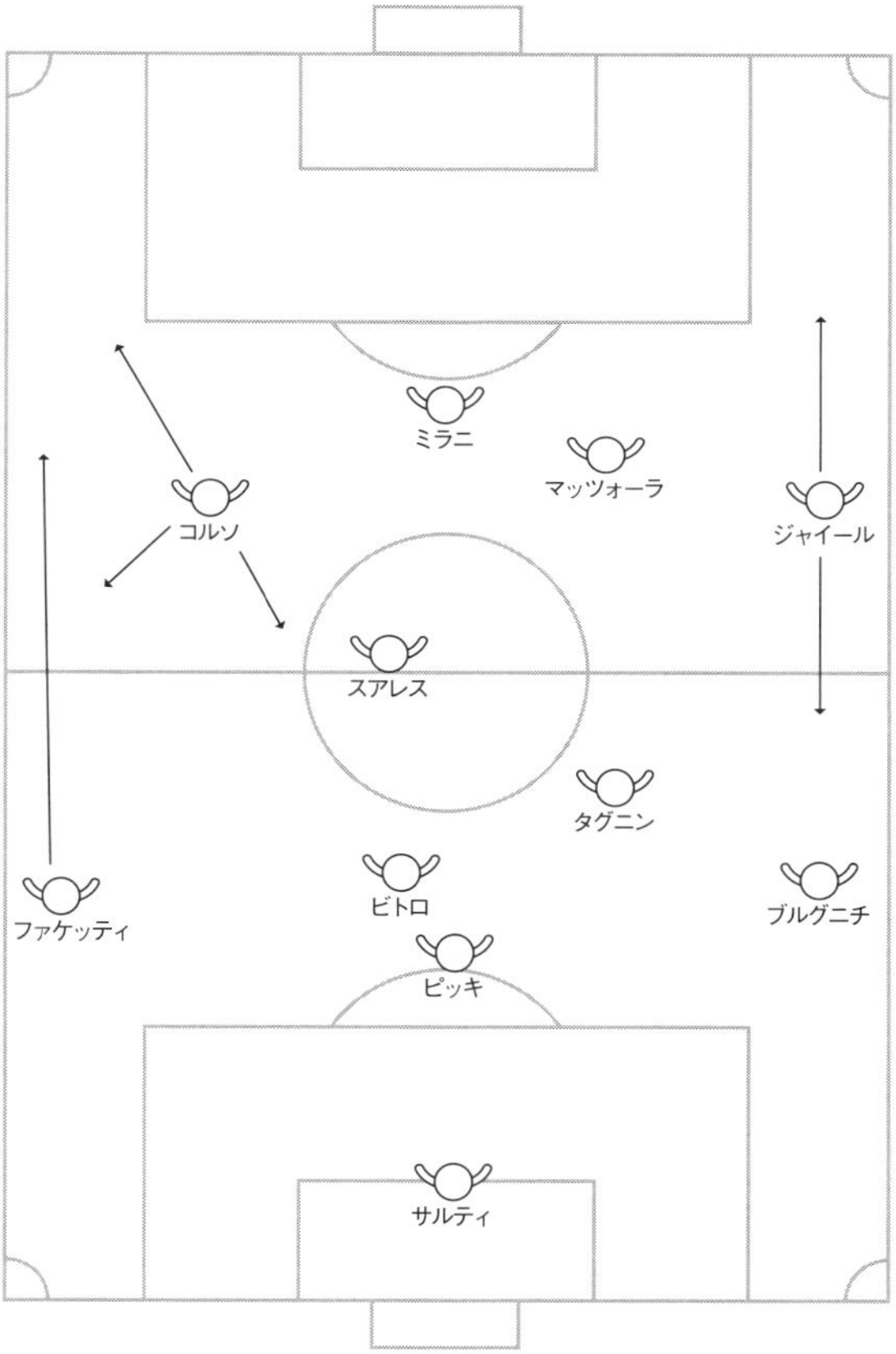

リベロを導入した守備型システムながら、攻撃では非常に流動性が高く、とくにウイングのジャイールとコルソのプレーエリアが大きい。左ＳＢファケッティの攻撃参加も目立ち、攻撃的ＳＢの先駆とされている

ボールの動き　人の動き　ドリブル

ップではないが、ワーキング・ウインガーの導入という点で先駆といえる。ただ、DFの数が常に4人とはかぎらず5人にもなるので、2トップかもしれないが4-4-2とはいえない。

名将エレニオ・エレラ監督に率いられたこの時期のインテルは、「グランデ・インテル」と呼ばれた黄金時代であり、ヨーロッパのクラブサッカー史上でも屈指の強さを示していた。同時に守備的なプレースタイルで「カテナチオ」を世界に広めたチームでもあった。

イングランドの4-4-2

4-4-2を有名にしたのは1966年ワールドカップの開催国で優勝国のイングランドである。

FIFAテクニカル・レポートによると66年のイングランドは4-3-3となっている。2トップとされていたのはメキシコで、イングランド戦は1トップだったと書かれている（しかも並びは9-0-1!）。イングランドが3トップと認識されていたのは、おそらく右サイドハーフのアラン・ボールをFWにカウントしていたからだろう。後に4-4-2の呼称に定着していくのだが、確かに中盤から前線右サイドにかけてダイナミックに動くボールのプレースタイルはＭＦかＦＷか判別しにくく、これこそ４−４−２のポイントだったともいえる。

まず画期的だったのは４バックの前に守備的ＭＦを起用したことだ。今日のアンカー役を務めたノルベルト・スタイルズがイングランドの守備における保険になっている。スタイルズの存在によって、相手が当時の主流だった３トップないし４トップのどちらでも混乱なく対応できるようにしていた。相手が４−２−４の４トップの場合は、スタイルズが中央のＦＷの１人をマークする。ポルトガル戦では、相手のエースだったエウゼビオをマークした。相手が３トップのときはアンカーとして４バックの前に位置、そこへ入ってくる相手をつかむ。新機軸のキーマンとなったスタイルズはダーティーワークの担い手とされている。ただ、決して頑健ではなく小柄な体格で武闘派のイメージはない。ボールタッチがきれいなテクニシャンなのだ。むしろ知能犯的なタイプで、平気でファウルできるメンタルを買われていたのだろう。

中盤の司令塔はボビー・チャールトン。イングランド代表史上最大のスーパースターだ。左利きだが右足も同じように使えて、ＦＫはどちらの足でも蹴っていた。強烈なキャノン・シューターとしても有名、抜群の運動量と正確なパスで攻撃をリードした。

ＭＦの右はアラン・ボール、左がマーチン・ピータース。右サイドで縦突破を得意とするボールは攻撃ではウイングとしてプレー、しかし守備時には中盤の右サイドに引く。ウイングと

MFを兼ねた働きがワーキング・ウインガーと呼ばれたわけだ。左のピータースはボールのようなスピードはないかわりに、中盤から前線にかけて神出鬼没のポジショニングで「ゴースト」と呼ばれた。ボールとピータースの特徴はインテルにおけるジャイールとマリオ・コルソに似ている。ピータースのほうが今日的なサイドハーフに近い。

2トップはジェフリー・ハーストとロジャー・ハント。開幕時はジミー・グリーブスがレギュラーだったが、大会中にハースト、ハントのコンビに定着した。

イングランドの4-4-2はインテルと似ているが、むしろ4-2-4のウイングが後退した形といえる。中盤中央のボビー・チャールトンが攻撃型、スタイルズが守備型というバランスも4-2-4そのものだ。【図14】

フルタイムのウイングを置かず、4バックの前にアンカーを起用する戦術は、当時は守備的すぎるという批判も受けた。しかし、今日的な見方をすれば柔軟性のあるシステムだったともいえる。スタイルズがエウゼビオをマークしたポルトガル戦では、CBのボビー・ムーアが中盤に進出してボビー・チャールトンとともに組み立てを行っていた。スタイルズがエウゼビオに密着しているために、攻撃時の中盤中央にはボビー・チャールトンしかいなくなってしまう。そこで、テクニックのあるムーアが第二プレーメーカーとして補佐した。基本的にはマンチェ

図 14　イングランド（1966 年）

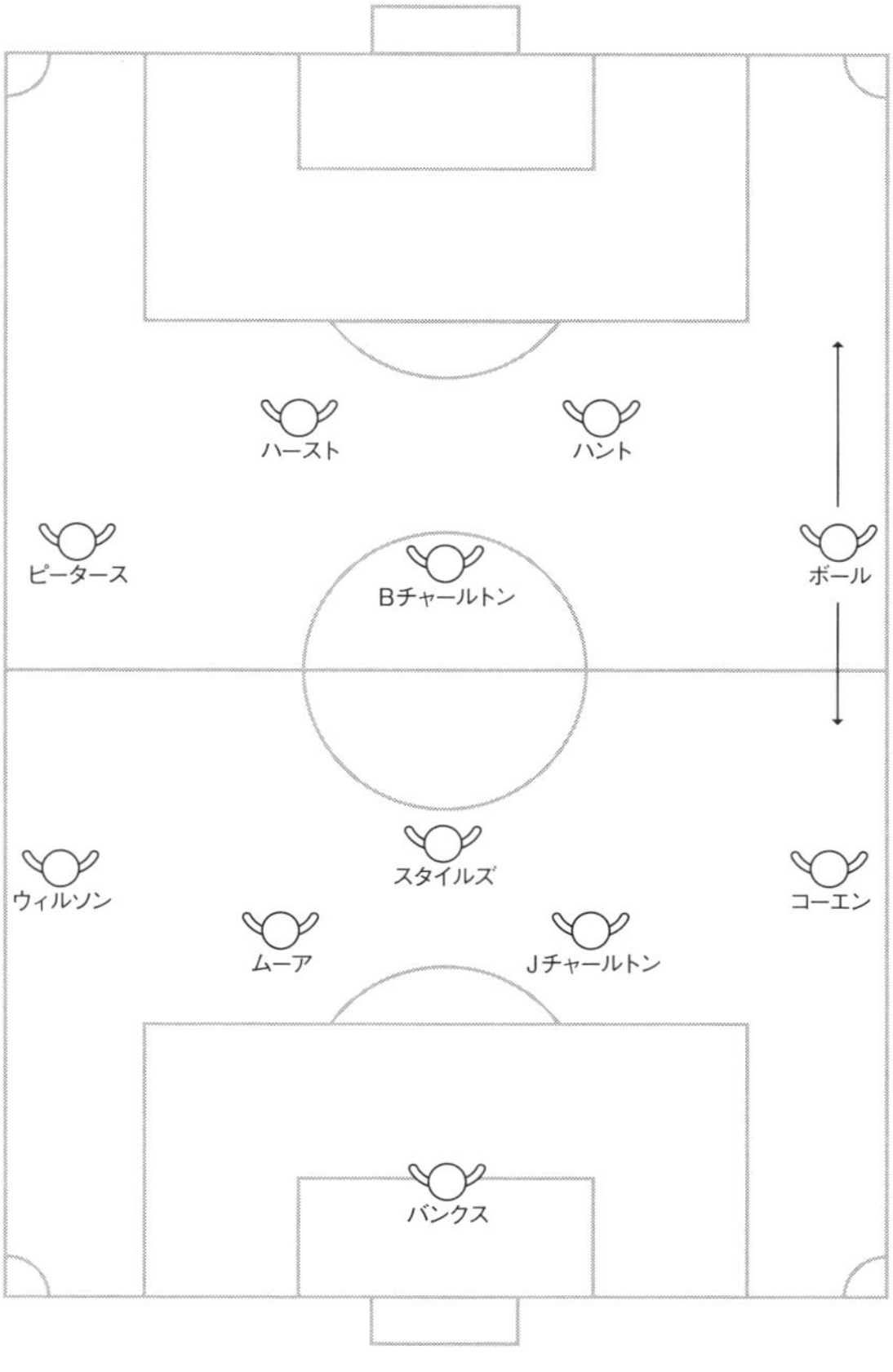

４バックの前で、スタイルズが今日のアンカーとしてプレー。右ウイングのボールは攻撃時にはサイドアタックを担当。４－２－４の両サイドが後退した形に近い

ボールの動き　人の動き　ドリブル

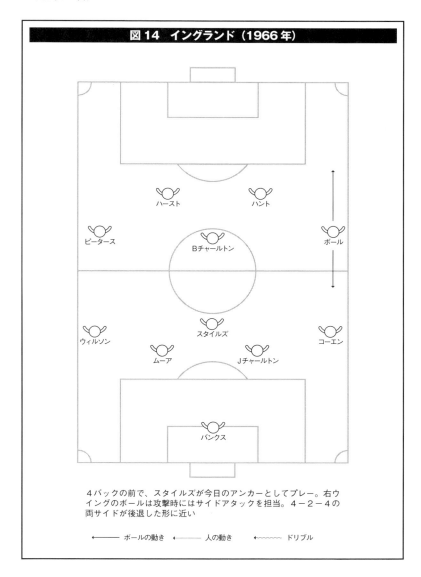

スター・ユナイテッドのコンビ（ボビー・チャールトンとスタイルズ）が組み立て役なのだが、相手によって柔軟に対処していたわけだ。【図15】

現代型4-4-2の源流リバプール

66年のイングランドは4-4-2を有名にしたが、現代のアトレティコ・マドリーやレスターが使っている4-4-2の原型かというとかなり違う。

現在主流になっているMFをフラットに配置した4-4-2ではなく、イングランドはMFをダイヤモンドに組んだ4-4-2だった。前方の5人（2トップ、サイドハーフ、プレーメーカー）と後方の5人（4バックとアンカー）に分かれた分業システムだ。ゾーンで区分けされた守備ブロックもなく、全体をコンパクトにする意図もない。現代のフラット型4-4-2の祖先をさかのぼれば、70年代半ばからの10年に渡ってヨーロッパの頂点にいたリバプールになるだろう。

リバプールは76-77シーズンのチャンピオンズカップで初優勝、翌年も連覇。2シーズンおいて80-81にも優勝、さらに83-84に4回目の優勝を達成している。次の84-85の決勝（ユベントス1-0リバプール）で多くの死者を出した「ヘイゼルの悲劇」が起こり、イングランドの

図 15 第二プレーメーカー

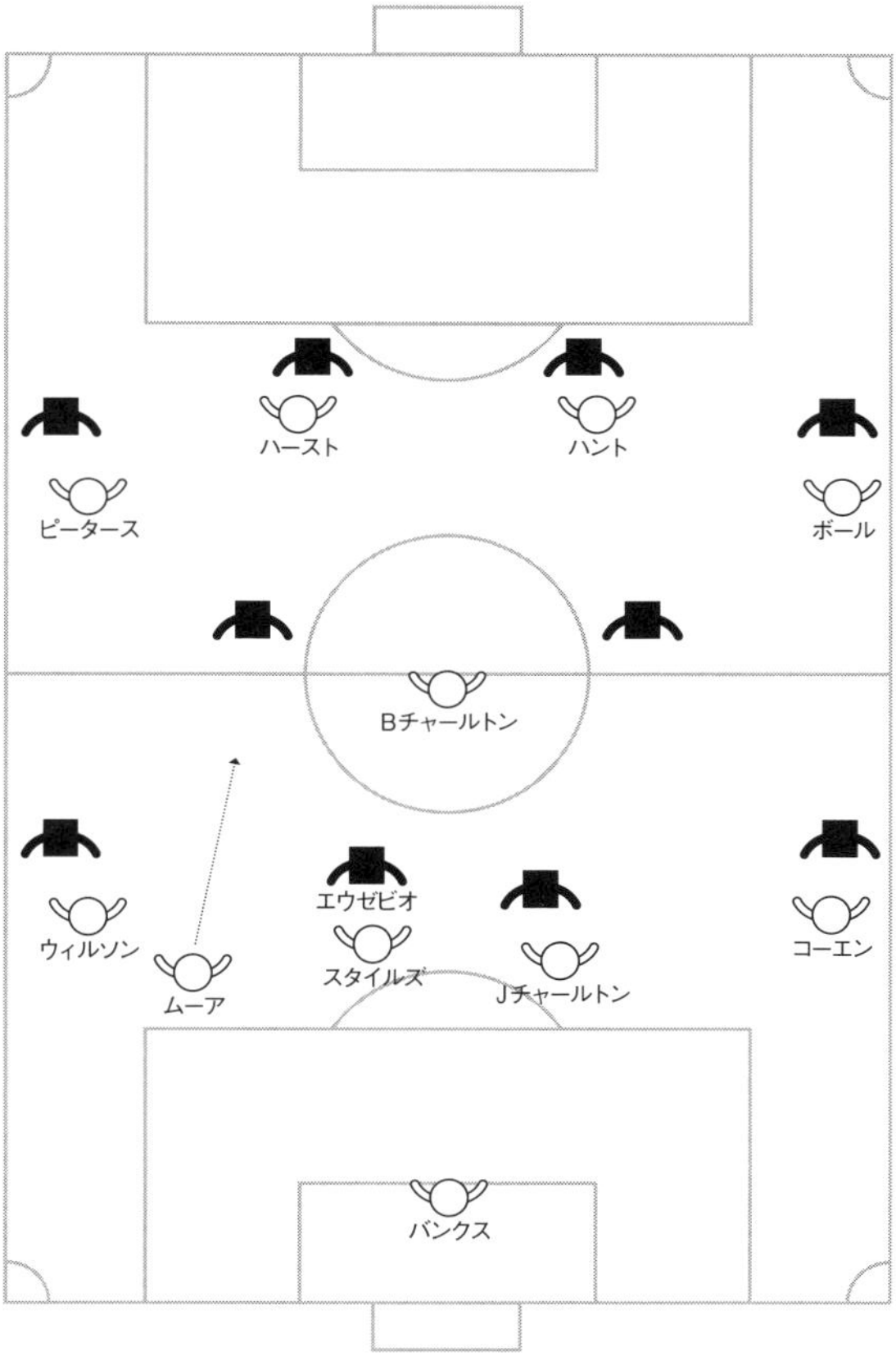

4－2－4のポルトガルに対して、イングランドはスタイルズがエウゼビオをマーク。守備から攻撃へ切り替わったときには、ムーアが前に出て第二プレーメーカーとしてBチャールトンを補佐した

ボールの動き　人の動き　ドリブル

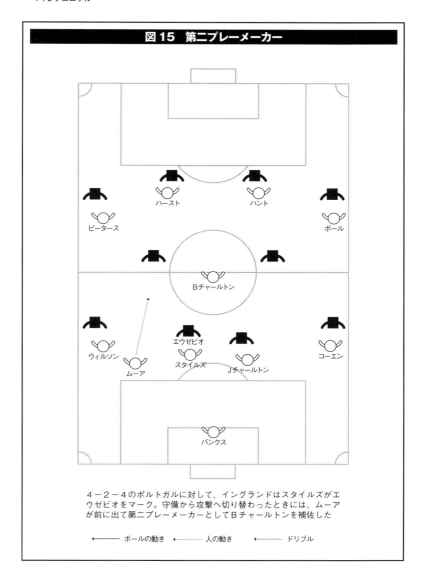

クラブはヨーロッパのコンペティションから締め出しを食うのだが、それまでのリバプールの戦績は抜群だった。

リバプールはMFをフラットに並べた4－4－2を使った。選手の特徴に合わせて役割を割り振っていく従来のオーダーメイド型の構成とは違っていたのが大きい。例えば、プレーメーカー、守備的MF、攻撃的MFという分け方ではなく、右、左、中央右、中央左と区分けされた担当エリア内での攻守をそれぞれが担当した。従来型と比べると極めて整然としたポジショニングであり、機械的とさえいえる。現代のサッカーを見慣れているファンからすると、違和感がないのはおそらくリバプールからの4－4－2だろう。【図16】

リバプール以前はポジションというより役割だった。プレーメーカー、攻撃的MF、守備的MF、ボランチ……これらはプレーヤーの特徴や役割を表したもので、場所は限定していない。中盤をフラットな横並びにしたリバプールの4－4－2では、ポジションは文字どおり場所になっている。

チャンピオンズカップで初優勝した76－77シーズンのプレーメーカーはイアン・キャラハン。インサイドキックのパススピードと精度は格別で、30メートル級のパスをグラウンダーでピシャリと蹴る力があった。当時、30メートルのパスはロングパスと呼ばれていてサイドキックで

図16 リバプール

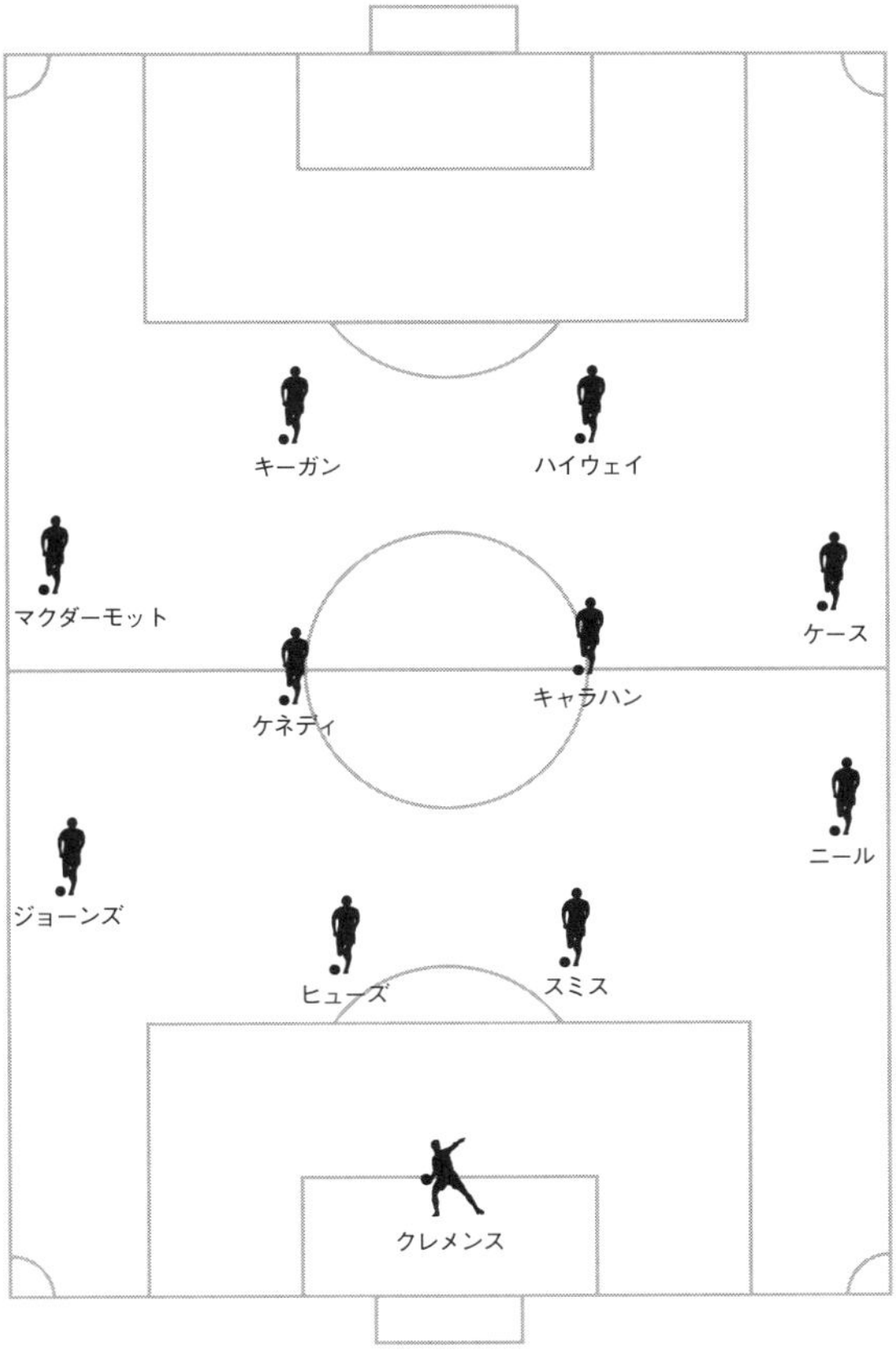

ＭＦをフラットに並べたリバプールの４－４－２は、現代の４－４－２の原型といえる。機械的に担当ゾーンを割り振っていて、それぞれのゾーンで攻守を受け持つ

ボールの動き　人の動き　ドリブル

通せる距離とは考えられていなかった。流れを読む能力、運動量、卓越したボールコントロール……一級のプレーメーカーである。ただ、リバプールにおいてのキャラハンはあくまで中央右側を担当するＭＦの１人という位置づけなのだ。

キャラハンの能力は格別だったけれども、与えられている役割自体は他のＭＦ３人と同じ。担当するエリアにおいての攻守を割り振られている点で同じだった。プレーの流れの中で中央左を担当するレイ・ケネディと入れ替わることもあり、他のポジションと一時的に替わることはある。ただ、とくにキャラハンにボールを集めるわけでもなく、守備を免除されてもいない。右のジミー・ケース、左のテリー・マクダーモットも同じように与えられたエリアでの攻守をこなしていた。

現在の読者にとっては、リバプールよりもむしろそれ以前のサッカーのほうに馴染みがないだろうから補足すると、守備は基本的にマンツーマンだった。中盤ではゾーンで守るケースもあったが、実質的にはマンツーマンと変わらない。なぜかというと、例えば３人のＭＦのうち１人はマークする相手が決まっていて、残りの２人が相手の２人をみるので、ゾーンといってもほぼマンツーマンと変わらないからだ。

リバプールの場合は、ＭＦ４人がフィールドの横幅をカバーする。ボールに対するチャレンジと、その斜め後方でのカバーリング。４人が防波堤として機能していて、マークは受け渡し。攻撃はある程度の自由度はあっても自分のポジションの上下動である。

特定の選手（プレーメーカー）にボールを集めることもしていない。リバプールの特徴はキャラハンに代表されるようなグラウンダーの縦へのパスだった。空いているかぎりは間髪入れずに縦へつなぐ。誰かを経由しての攻撃ではなく、誰からでも素早く前線にフィードした。縦につけてサイドへ、サイドからもシンプルに中へ。手数をかけない、いわゆるダイレクトプレーだが、それを高い精度で行っていた。それ以前の偉大なチームと比べると、選手の特徴に依存しないリバプールの攻守は機械的でシンプル、ある意味現代的といえる。半面、個性や意外性はさほどない。

初優勝の立役者だったケビン・キーガンはハンブルガーSV（西ドイツ）に移籍し、他のポジションも世代交代が行われながら、リバプールは一貫して強かった。キーガンの後釜としてエースナンバーの７番を継いだケニー・ダルグリッシュ、その次にはピーター・ベアズリー。キャラハンが抜ければグラーム・スーネス、ＣＢもエムリン・ヒューズからアラン・ハンセンとしっかり穴埋めされている。戦術的な機能性が機械的だったので、人材の影響を受けにくかった面はあったかもしれない。

ACミランの革命

リバプールの4－4－2を継承、発展させたのは意外なことにイタリアのクラブだった。マンツーマンとリベロの王国だったイタリアのACミランは、戦術史をそれ以前と以後に隔てる分岐点になったチームといっていい。【図17】

88－89、89－90シーズンとチャンピオンズカップを連覇したミランは、アリゴ・サッキ監督が画期的なプレッシング戦法を導入した。

基本はリバプール式の中盤をフラットにした4－4－2である。戦術マニアのサッキ監督はときに中盤をダイヤモンドに組み、片側だけウイングを置いた形なども使っていたが、ベースはリバプール方式である。リバプール式から発展させたのはプレーの強度だった。

マウロ・タソッティ、アレッサンドロ・コスタクルタ、フランコ・バレージ、パオロ・マルディニの4バックがディフェンスラインを高く保ち、全体を30メートル前後のコンパクトな陣形に維持している。この「コンパクト」が従来にはない新しさだった。そのために、ラインの上げ下げを細かく行っている。ラインコントロールの緻密さと大胆さは、目を見張るものがあ

図 17　サッキのミラン

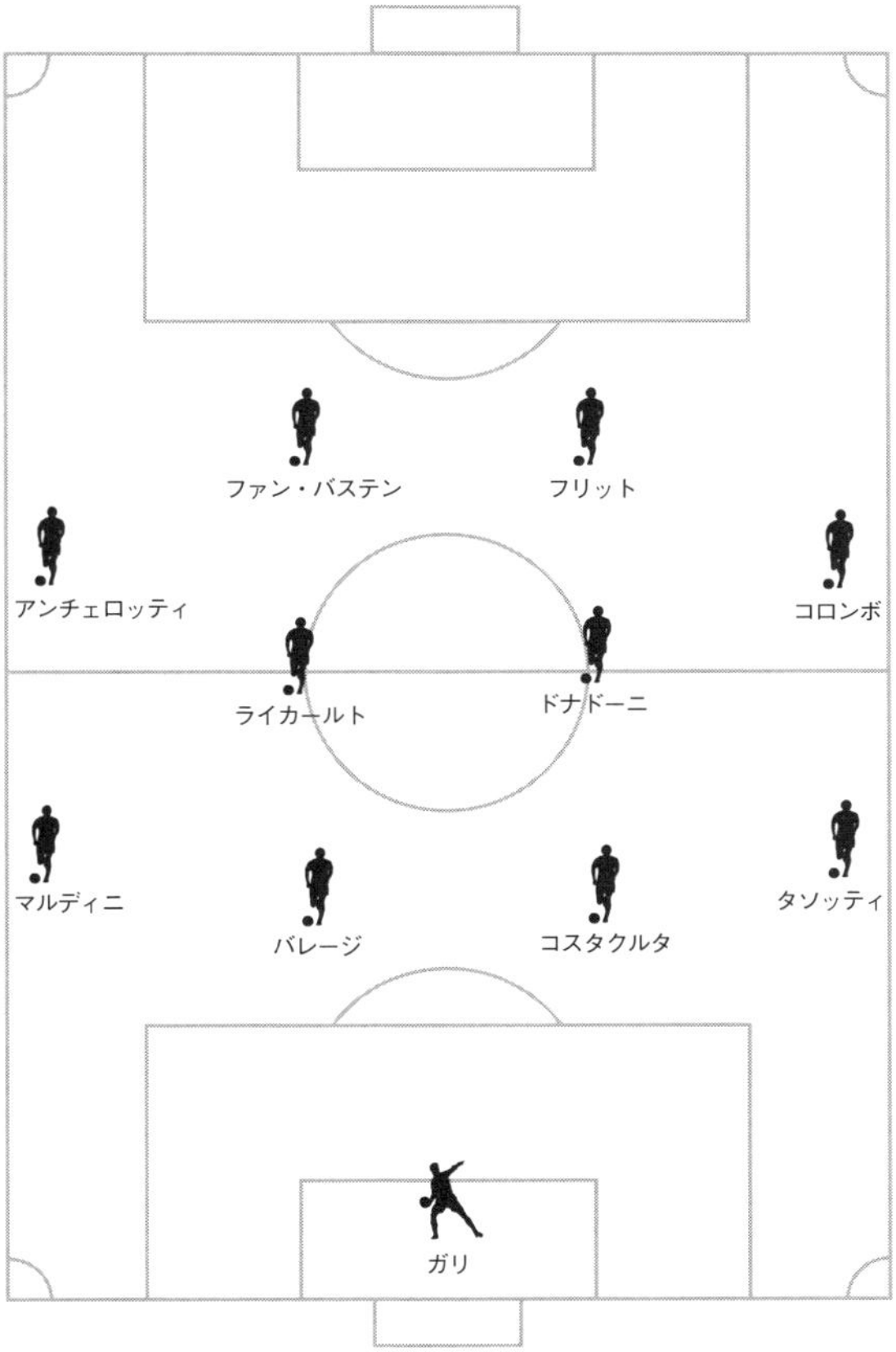

90 年代を代表するチームだったＡＣミラン。フラット型４－４－２を基本として、組織的なプレッシングを行う。戦術史の分岐点となった

ボールの動き　人の動き　ドリブル

った。それまでにも一気にラインを押し上げるオフサイドトラップは使われていたが、ミランの場合はコンパクトさの維持が目的であり、相手へのプレッシャーのかかり具合やボールの状態によって、3~5メートルの上げ下げを繰り返すラインコントロールなのだ。

緻密なラインコントロールによって全体をコンパクトにしたことで、守備をするスペースを限定できる。その中で猛烈な「プレッシング」を敢行した。守備エリアを限定できたことが大きいが、高いインテンシティを養成するためにミランは「鳥かご」と呼んだ小さめのフィールドを作り、インテンシティの高い状態での攻守に慣れさせていた。サッキ監督によると「自分の発明は戦術ではなく練習方法」だそうだ。

DF、MF、FWとラインごとに分けた練習も行われ、MFのユニットは選手をロープでつないで距離感を確認するトレーニングもやっていた。血液を採取してコンディションをチェックするなど、体調管理の面では当時としては画期的な方法がとられている。当時のミランはあらゆる面で世界最先端のクラブだった。

ミランの代名詞にもなったプレッシングは、すでに74年ワールドカップでのオランダによって有名だったが、オランダが常に「ボール狩り」を行っていたわけではない。ミランの場合、コンパクトな状態を維持したことでほぼ90分間、相手に対してプレッシングをかけ続けることが可能になった。プレーのテンポは上がり、強度は格段にアップした。対戦相手はミランのペースについていけなかった。ゾーンディフェンスとプレッシングをセットにしたミランの新戦術の効果は衝撃的で、やがてこの戦術は世界のスタンダードになっていく。

ブラジルの可変式システム

90年代はミラン型のゾーンディフェンス＋プレッシングが世界的に普及していったが、一方で3－5－2も流行している。こちらはマンツーマンディフェンスから派生した守備方法である。相手の2トップに対して、4バックでは効率が悪くマークの受け渡し方も難しい。そこでDFを2人のストッパーとリベロの3人にした3バックが解決策になった。86年のヨーロッパ選手権でデンマークが用いて有名になり、多くのチームが採り入れている。

そんな中、ブラジル代表は独特の可変式システムを考案して94年アメリカワールドカップで24年ぶりの優勝を成し遂げた。

ブラジルはゾーンディフェンスの4バックを伝統としていた。それからすると、ミラン型4－4－2への移行がスムーズに思われるが、守備戦術はけっこう「人」寄りなのだ。これはオランダも同じだった。マンツーマン・ベースの守備が伝統のオランダは3−5−2へ移行しそうなものだが、3−4−3という独自のシステムに帰着している。CBの1人を前へ上げて3＋1の形にして、相手の2トップがどういうバランスになっても「1人余る」形で捕まえられるようにした。

ブラジルは90年イタリアワールドカップで3−5−2を使っている。セバスチャン・ラザローニ監督はセレソン史上初のリベロを起用した。従来の4バックにカバーリングバックのリベロを追加した形といえる。ブラジルのSBはもともと攻撃的なので、ウイングバックの人材にはそれほど困らない。しかし実質的に5バックとなるシステムには「守備的すぎる」という批判がついて回った。ブラジルは優勝候補だったが、決勝トーナメント1回戦で宿敵のアルゼンチンに0−1で敗れて大会から姿を消し、国民から非難を浴びた。

4年後の94年大会で指揮を執ったのは、カルロス・アルベルト・パレイラ監督とテクニカルダイレクターのマリオ・ザガロ。この2人は優勝した70年メキシコワールドカップの監督（ザガロ）とフィジコ（パレイラ）のコンビだった。パレイラ&ザガロの二頭体制は、3バックか4バックかの論争に終止符を打つ。【図18】

相手が2トップの場合は、ボランチのドゥンガかマウロ・シルバのどちらかがCBの間へ下

図18 ブラジル（1994年）

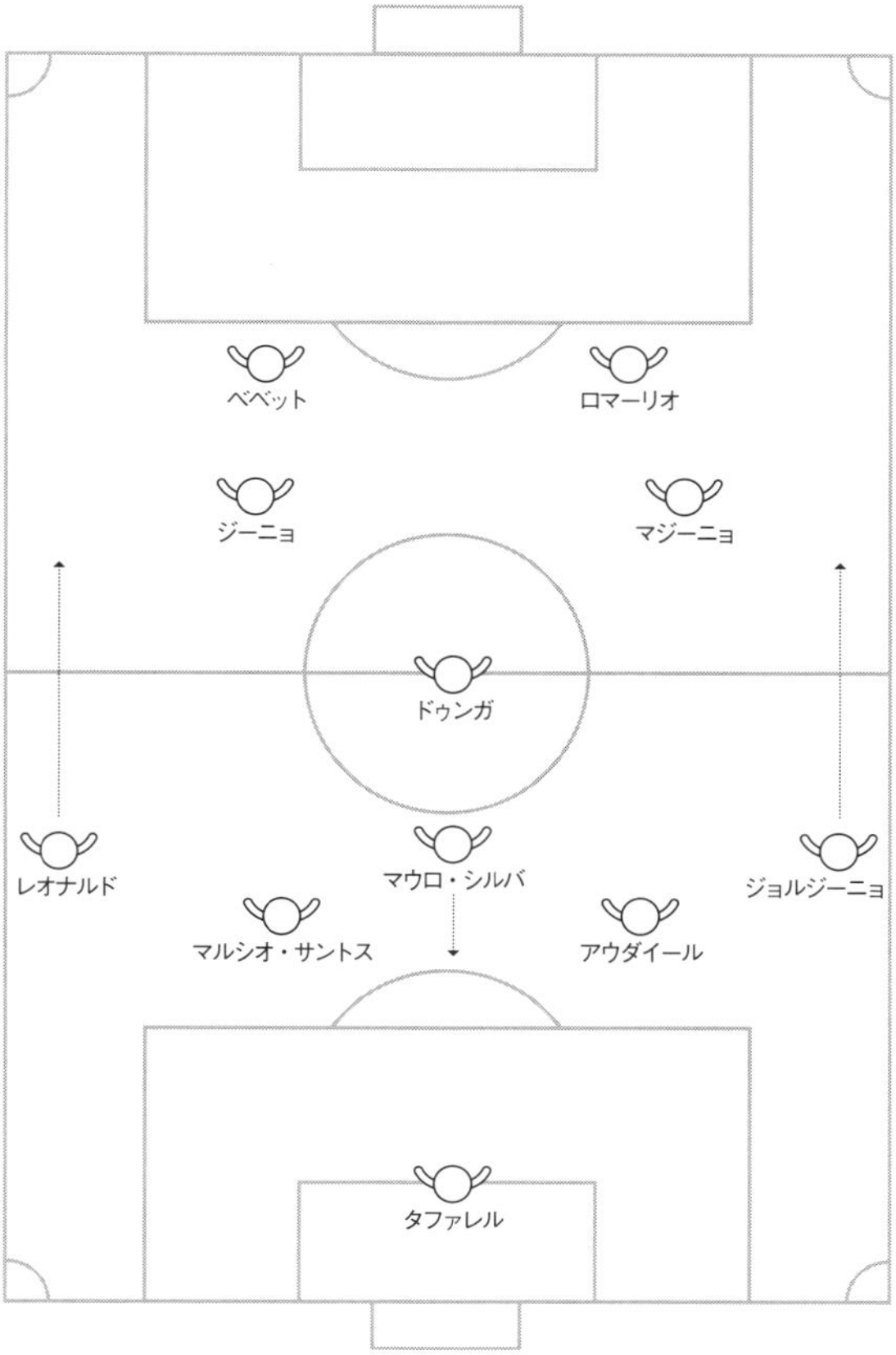

基本的は４－４－２だが、相手が２トップのときはボランチが下がってリベロとなり、同時に両ＳＢが上がって３－５－２へ変化。相手が３トップの場合は４バックの４－４－２で対応した

ボールの動き　人の動き　ドリブル

がってリベロとなる3バック、3トップのときにはボランチは下がらず4バックで対処した。相手のFWが2人か3人かによって、3バックと4バックを使い分けたのだ。ボランチが下がるときは（3バック）、SBが高い位置をとり、下がらなければ引いて4バックを形成。ボランチとウイングバックの動きが逆になる。

右のウイングバックにはジョルジーニョ、左はレオナルドが起用された。2人とも鹿島アントラーズでプレーしたので日本のファンにもお馴染みの選手だろう。ジョルジーニョは豊富な運動量と確かな技術で手堅いプレーをするウイングバックにうってつけのタイプだった。レオナルドは次の98年フランスワールドカップで攻撃的MFとしてプレーしていたように、本来はもっと攻撃寄りのMFである。ただ、レオナルドは決勝トーナメント1回戦のアメリカ戦で退場処分となり、その後の試合には出場停止でプレーしていない。代わりに左サイドを担当したブランコは、ジョルジーニョと似たタイプだった。

中盤の中央はドゥンガとマウロ・シルバ。ブラジルでは第一ボランチ、第二ボランチという呼び方があり、第一のほうが守備寄りのアンカー、第二はプレーメーカーに近い。3バックのときにリベロになるのは第一のほうだ。主にマウロ・シルバが第一ボランチを担当していたが、試合によってはドゥンガが下がることもあった。

攻撃的MFとしては当初、ジーニョとライーが起用されている。ジーニョは左利きのテクニシャンで運動量抜群。ライーはこのチームのキャプテンで、背番号10をつけた攻撃の中心だった。しかしコンディションが思わしくなく、大会途中でマジーニョにポジションを奪われ、キャプテンマークはドゥンガへ渡された。

2トップはロマーリオとベベット。ロマーリオはこの大会で得点能力を遺憾なく発揮して優勝の原動力となった。ベベットはセカンドトップとして中盤とロマーリオのつなぎ役をこなしている。

ブラジルは危なげなく勝ち進み、決勝ではイタリアと対戦。0-0のまま延長でも決着がつかず、大会史上初のPK戦に勝って4回目の栄冠を手にした。ペレが引退してから届かなくなった世界一のタイトルをついに取り戻したわけだが、「守備的」「ブラジルらしくない」とかなり批判もされている。PK戦による優勝だからではなく、大会中からブラジルのプレーぶりは批判されていた。試合前に監督の名前がアナウンスされたときだけ、ブラジル応援団から盛大なブーイングが起こっていた。むしろ優勝できたので批判の度合いはあれでも軽くなったと考えられる。

他国に比べてブラジルが守備的だったわけではない。テクニックは高く、パスワークも優れていた。ただ、ブラジルらしい創造性や個人技は限定的で、手堅い戦いぶりだったのは確かである。レオナルドとライーが健在であれば、もう少し変化をつけられたかもしれないが。

次の98年はザガロ監督の下、4-4-2でプレーしている。可変式は採らず、ゾーンの4バックだった。2ボランチにドゥンガとセザール・サンパイオ、攻撃的MFにレオナルドとリバウドというボックス型である。こちらのほうがブラジル国内でも定着していた標準形だ。4バックの場合はボールと逆サイドのSBが絞り込んで1人の数的優位を作る。相手の2トップが左右に分かれたときだけ、第一ボランチがディフェンスラインに入る。ザガロ監督は優勝した4年前に守備的だと批判されたので、98年は攻撃型のブラジルらしい編成で臨んだのかもしれない。

4年後の02年日韓ワールドカップでは可変式に回帰した。フェリペ・スコラーリ監督の率いるチームでは、第一ボランチのエジミウソンが多くの試合でリベロとしてプレーしている。【図19】

もともとレギュラーのボランチだったエメルソンが大会直前に離脱していた影響か、可変式の守備はけっこう混乱していた。94年のときのようなスムーズさがなく、声を掛け合いながらマークの受け渡しをしていたのが印象的だ。決勝へ進むころには連係も洗練されていったが最

図 19 ブラジル(2002 年)

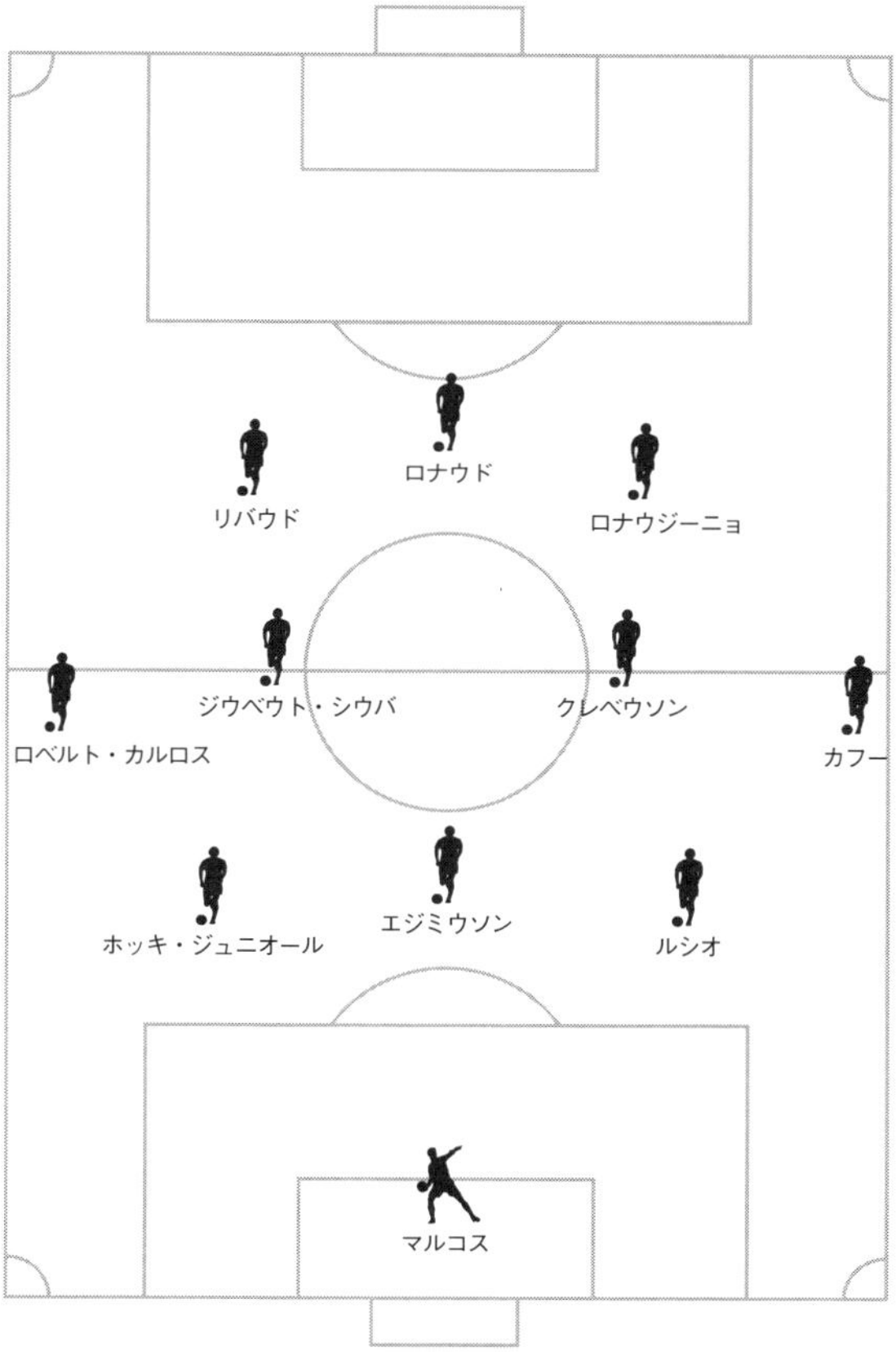

2002年のブラジルは可変式に回帰。エジミウソンが多くの試合でリベロとしてプレーした。ロナウド、リバウド、ロナウジーニョの3Rが攻撃を牽引、ロベルト・カルロスとカフーはサイドの攻守を圧倒的な運動量でこなした

←―― ボールの動き ←…… 人の動き ←〜〜 ドリブル

初はそうでもなかったのだ。ただ、攻撃力はロマーリオ頼みの94年より上である。ロナウド、リバウド、ロナウジーニョの「３Ｒ」が卓越した個人技で試合を決めていった。

94、98、02年とブラジルは３大会連続で決勝に進出している。そのうち優勝２回、02年は全勝だった。ペレがプレーした60年代以来のブラジルの黄金時代である。あまり評判はよくなかったかもしれないが、可変式システムで守備の問題を解決できたのは大きかったのではないだろうか。

娯楽性の暗黒時代

80年代の終わりにＡＣミランがゾーンディフェンスとプレッシングを組み合わせた４－４－２で世界を席巻すると、練習場のミラネッロでは各国のコーチが見学に訪れる「ミラノ詣で」が流行した。ミランの強さは明らかだったが、戦術的なメカニズムがよくわかっていなかったからだ。

しかし、次第にミラン式４－４－２の謎が解明されてくると、多くのチームがミラン方式を採り入れるようになっていった。90年代はミラン式の４－４－２と、従来のマンマーク方式の延長にあるリベロを置いた3－5－2が二大主流フォーメーションになった。21世紀に入るとリベロ方式は減少、2010年南アフリカワールドカップでは大半の代表チームがゾーンの4バックを採用するに至っている。

ミラン式4－4－2は戦術の歴史において大きな分岐点だった。コンパクトな守備ブロックによって、攻撃側の時間とスペースが削り取られパスワークが難しくなった。また、規律とコンタクトスキルを要求されるため、その条件に欠けるテクニカルなプレーヤーが排除される傾向が明確になった。ミラン式の普及は戦術的には大きな変化であり進歩だったが、娯楽性という点ではマイナスに働いたともいえる。

ルート・フリット、マルコ・ファンバステン、ロベルト・ドナドーニなど素晴らしいアタッカーを擁していたミラン自身は、この戦術のパイオニアでもあり初期段階では圧倒的に強く華のあるプレーぶりだった。だが、ミランを模倣したチームにはそれだけの人材がおらず、しかも戦術遂行のために技巧派が冷遇されたので、守備は強化されても攻撃力と魅力に欠けるチームが量産される事態になってしまったのだ。90年代はエンターテイメント性において、ヨーロッパサッカーの暗黒時代とさえいえるかもしれない。

ハイラインとコンパクト、壮絶なつぶし合いが続くだけの試合……しかし、その流れも少しずつ変化していった。

下げられたライン

基調は中盤のつぶし合い、偶発的に高いラインの裏へ抜け出したときに決定機が生まれるだけ。そうした傾向に変化をもたらしたのはスピードスターたちだった。

プレッシングの始動は相手のＳＢがボールを保持したときである。守備側のサイドハーフがプレッシャーをかけ、ＭＦとＤＦのラインが一気にボールサイドへスライド、縦と横に陣形をコンパクトにして攻撃側のスペースを奪う。そうなると、攻撃側は狭いスペースの中でのパスワークが詰んでしまう。しかし、これを逆手にとればチャンスを作ることができる。守備側はプレスと同時にディフェンスラインを上げるので、ライン裏をつけば１本のパスでチャンスになるのだ。

中盤の密集を越すパスはオフサイドにならないようにＦＷへ届けなければならない。ＦＷが中央から斜めに外へ抜け出した先、いわゆる「ニアゾーン」が１つ。もう１つのルートは逆サイドへの斜めのパス。守備側はラインアップと同時に横方向への圧縮も行うので、逆サイドは大きく空いている。

ティエリ・アンリやアンドリー・シェフチェンコは、ディフェンスラインと同じ高さで逆サイドに待機して斜めのロングパスを受け、快足を飛ばして一気にゴールへ迫る代表的なスピードスターだった。彼らはラインがカバーリング修正を行う前に、横一列になっている4人をまとめて置き去りにできた。

攻撃側からスペースと時間を削り取ったコンパクトなゾーンの中でも、それを苦にしないMFも出現してきた。ジネディーヌ・ジダンは並の選手なら受けられないはずの狭いスペースで平然と受け、奪われるはずの状況でも奪われずにキープした。ただキープし、短いパスを味方へ渡すだけで、守備側はパニックに陥っている。スペースを縦横に圧縮するということは、ディフェンスラインの裏と逆サイドのスペースがそのぶん広がっていくことを意味している。奪えるはずの状況で奪えず、さらに囲んでもボールを逃がされてしまえば、すでにスペースのないはずの中盤ですら穴が空いてしまっている。裏と逆、2つの大きな弱点を抱えたまま、効力のないプレスをかけ続けるのは守備側にとって悪夢に違いない。守備戦術が規則的であればあるほど効果を増すはずが、ジダン1人の存在によって全く逆効果になる奇妙な現象が起こってしまっていた。ジダンは別格としても、それに準ずる能力を持った選手が次々と出現するに至って、ハイラインの4-4-2はリスクが増大していった。

守備側はディフェンスラインの後退を余儀なくされた。パイオニアのミラン方式は、ハイラインによる高い位置でのボール奪取が攻撃力に直結するのが最大のメリットだったのだが、もはやリスクのほうが大きくなってしまった。そこで、フラットなディフェンスラインとコンパクトな陣形はそのまま維持しながら、全体を後方に下げてライン裏のスペースを消したのだ。ディフェンスラインはペナルティーエリアのすぐ外側まで後退し、その前にMFが引いてラインを形成。4-4の守備ブロックを後方に構えた。これでライン裏をつかれるリスクはかなり減少する。半面、相手を自陣に引き込んでしまうために、ミスが自陣で起こりやすくなるという別のリスクを抱えた。同時にボール奪取地点が低くなってしまうので、カウンターアタックの距離が長くなって1本のパスで決定機を作るのは難しくなった。

ラインの後退はいくつかの副産物を生み出している。守備側が後退してしまうので、後方のビルドアップに余裕ができた。前線プレスさえ回避してしまえば諦めて下がってくれるので、CBとボランチでボールを確保できる。ペナルティーエリアの前はブロックで固められているが、その手前まではCBとアンカーがフリーマンとして振る舞えるので、これらのポジションに技巧派を起用する余地が生まれた。また、安定したボールポゼッションからブロックへの侵入を図るためには前方のMFにも高い技術が必要になり、こちらも技巧派が復権する。

ラインの後退によって、中盤のつぶし合いからポゼッション側とブロック側の対峙という構図にゲームが変化していった。そして、引いたブロック守備を崩すには何が有効かを明確に示したのがユーロ2008に優勝したスペインであり、同時期から黄金時代を迎えるバルセロナだった。ほぼ1つのチームであるこの2チームは、ミラン以降の戦術的な分岐点になる。

バルセロナという〝天敵〟

2008年のユーロで優勝したスペインは、2010年南アフリカW杯でも優勝。さらにユーロ2012も連覇して黄金時代を築いた。また、08-09シーズンのCLではジョゼップ・グアルディオラ監督率いるバルセロナが優勝、10-11も優勝している。スペイン代表メンバーの中心はバルセロナの選手だった。

スペイン（＝バルセロナ）は、ゾーンの4-4-2にとって天敵になった。

4-4の守備ブロックは、その内部への侵入を容易に許さないことが最大のストロングポイントである。ところが、スペイン（バルセロナ）はブロックの内部へパスをつないで浸食し、そのことで守備のバランスを失わせた。ジネディーヌ・ジダンが個人で与えた4－4－2への脅威は、スペインによってチームとしての脅威になったわけだ。

スペインはゾーンの隙間にパスをつなぎ、周辺の守備者が収縮する前にボールを逃がす。それを連続されるとゾーンによるブロック守備戦術はもたない。ボールへの収縮は別のエリアのスペース拡大を意味し、なおボールを追い続けて奪えなければ、守備組織は崩壊へ向かって進む。

90年代にACミラン型の4－4－2が普及するのとほぼ同時期に、ヨハン・クライフ監督に率いられたバルセロナは緻密なパスワークのスタイルで「ドリームチーム」と呼ばれていた。後の「ティキ・タカ」のルーツがこの時期のバルセロナである。クライフからグアルディオラへ、人へのポゼッションから隙間へのポゼッションへ。4－4－2の天敵は同時進行で進化していた。

ミラン型ほど世界的に普及しなかったのは、ミラン方式が守備戦術であるのに対して、バルセロナは攻撃力が柱になっていたからだ。つまり、技術がないと成立しないサッカーなので簡単に模倣できないし、付け焼き刃では効果も期待できない。グアルディオラ監督時代の成功を目の当たりにしてから、多くのチームがバルセロナを模倣したが同じ水準に達したチームは1つもなかった。余談だが、現在のバルセロナ自身がチャビ、イニエスタ、メッシ、ブスケツで組んでいた時代のティキ・タカを越えられていない。一貫した哲学と戦術の下に育てられてきた選手たちのセットでないと、あれほどの効果は出ないのだと思う。

ティキ・タカはその登場のタイミングも絶妙だった。4バックのゾーンシステムが世界中に普及しきった段階で出てきたため、スペイン（バルセロナ）には戦術的に敵がおらず、1人勝ちの状態が続いた。2014年ブラジルW杯で優勝したドイツもグアルディオラ監督のバイエルン・ミュンヘンを土台にしていたので、2大会連続でほぼ同じ戦術のチームが世界一になったといえる。

ブロック守備の巻き返し

2000年代に4-4-2は4-2-3-1へ変化している。一時は主流だった2トップが激減し、4-4の守備ブロックにプラス1（トップ下）という形で守備の強化が図られた。

4-2-3-1は4-4-2と同系統のフォーメーションだ。4-3-3は別の系統のフォーメーションで、こちらはWMシステムからハーフバックの1人をDFに下げた形である。4-2-3-1と4-3-3（4-1-2-3）は、中盤の人数が同じ3人なので似ているようだが、系統と発展の経緯が異なっている。

4-2-3-1の守備における オーガナイズは4-4-2と同じといっていい。

1列目の2トップ（あるいは1トップ+トップ下）の守備におけるタスクは、まず相手のアンカーへのパスを遮断すること。主に2つの方法があり、1つはCBとアンカーをそれぞれがマークするやり方。この場合は、CB間でボールが動いたときは役割を入れ替える。つまり、4-2-3-1の1トップがCBへ行き、トップ下がアンカーを抑えるのが基本形としても、CB間でボールが動けば、今度はトップ下がCBへ、1トップがアンカーへと動く。つまり、1トップとトップ下の位置関係が入れ替わる。役割においても差はないので守備時の4-2-3-1は4-4-2と同じなのだ。

もう1つの方法は、2トップが並列でアンカーへのパスコースを遮断する。この場合は、CBがドリブルで前へ出てきたら近いほうがアンカーへのパスコースを切ったまま少し前へ出て対応する。CB間での横パスには反応せず、そのままアンカーへのコースを切る。CB間のパスはいくらでも通すことができるが、そこから前方へのパスはすべてマークがつくので通しにくい。実際には、2つの守備方法を状況に応じて使うのが一般的だが、いずれにしても1列目のラインを2人が担当するのが4-4-2型の守備になる。

一方、4-3-3ではCBの前進に対してはインサイドハーフが前へ出て対応する。インサイドハーフが前に出たときには形のうえで4‐4‐2と同じになるわけだが、動かす選手のキーポジションが違う。ただ、ブロックを形成したうえでの守備に4‐4‐2と4‐3‐3にもはや差はないともいえる。

攻撃面ではスペイン式のティキ・タカが普及していった。バルセロナと同じ水準は無理としても多くの模倣者を生み、やがて普通の戦術として消化されていく。それがゾーンのブロック守備攻略方法として優れていることがはっきりしたからだ。とくにMFとDFの間の隙間である「バイタル・エリア」への侵入が決定的であると広く認識されるようになった。4‐2‐3‐1が主流になったのは、バイタル・エリアへの侵入を狙って3人の攻撃的MFを起用できるからという理由もある。

ゾーン・ブロックの普及とブロック崩し。この2つが近年の戦術における攻守のメインテーマとなっていた。

ブロック崩しへの対抗措置も出てきた。CBが早めにラインの前に出て、バイタルへ侵入してきた攻撃側の選手を潰すようになった。一時的に3バックになってしまうためリスクのあるやり方なのだが、リオネル・メッシのようなアタッカーを抑えるには最も被害が少ないことが経験的にわかってきたのだ。【図20】

図20　メッシへの対応

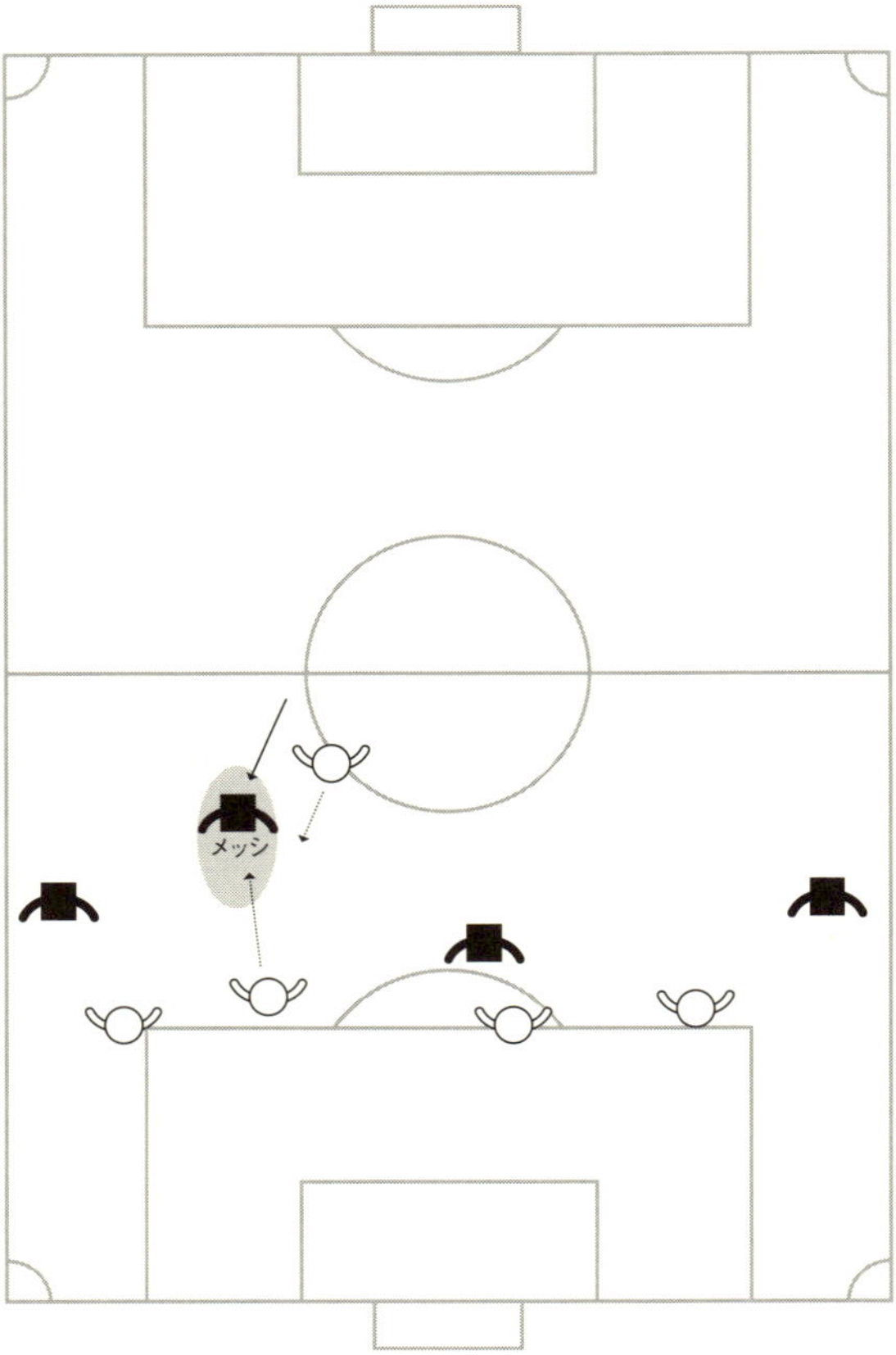

いわゆる「ボランチ脇」でパスを受けるメッシに対して、ＣＢが早めに前へ出てマークする。さらに周囲の選手も加わって包囲する。この方法にもリスクはあるが、比較的被害が少ないことがわかってきた

ボールの動き　人の動き　ドリブル

２０１４年Ｗ杯の緒戦でスペインと対戦したオランダは、さらに用心深く５バックを用意して徹底的にバイタル潰しを行っている。１人が前に出ても４バックを維持できるのでリスクは少ない。

アトレティコ・マドリーはシメオネ監督の下、４-４-２を復活させた。

２トップが４-４の守備ブロックに近づいて10人のブロックを形成、ＦＷを増員させても守備力は下がるどころか増強された。

ユーロ２０１６ではイタリアが５バック型、イングランドを破ってベスト８入りしたアイスランドはアトレティコ型である。アイスランドはサイドから攻め込まれたときにはＳＨが下がって４＋１のラインを形成し、バイタル・エリアだけでなく「ニアゾーン」（ＣＢとＳＢの間）も消している。

ちなみにコパアメリカ・センテナリオで優勝したチリは、ブロック守備の系統とは異なる独自路線だ。引いてゾーンのブロックを固めるのではなく、早めにマンツーマン的に相手をつかまえて、運動量と球際の強さで奪いとる。１対１でのデュエルの強さを前面に押し出す守備戦術は、ビエルサ→サンパオリと、同じ戦術志向の監督を続けてきた成果がピッツィ監督になっても受け継がれていた。ディフェンスライン以外はゾーンを埋める発想の守りではなく、従ってゾーンの弱点であるゾーンの隙間もほぼ存在しない。デュエルで勝利できているかぎりティキ・タカは天敵ではないわけだ。もちろんデュエルに負ければ一気に崩壊する危険があるので1対1の強さが前提になる。

この「ビエルサ派」の戦術は、バルセロナのようなポゼッション型の土台であるパスワークを、ビルドアップの段階で破壊できる可能性がある。サンパオリ監督が16-17シーズンから率いるセビージャ、ほかにもエドゥアルド・ベリッソ監督率いるセルタ、マウリシオ・ポチェッティーノ監督のトッテナムなど、少しずつだが増えてきている。ポゼッションの強い相手にポゼッションさせないという大胆な守備方法は、しばしば戦力で勝る相手を打ち負かしている。リスクもあるが、今後の戦術的変化の核になるだろう。

スペイン勢を中心に猛威をふるったブロック崩しも、ブロック強化策の普及とともに沈静化された。ハードワークの4-4-2でプレミアリーグを制したレスター、ユーロにおけるアイスランドの躍進、チリのコパアメリカ連覇など、個々の攻撃力で特別優れていないチームでも大戦力のポゼッション型チームを打ち破るケースが増えている。

戦術の歴史は、これまでも攻撃と守備の相克の歴史だった。守備で均整のとれた4-4-2はリバプールの黄金時代からミランによる革命を経て、80~90年代で優位性を持っていた。00年代はブロック守備に穴を空けたスペイン（バルセロナ）型の攻撃が優位性を示した。そして、現在は守備側が穴を塞いで再び盛り返している。

一方で、堅守速攻型はアトレティコがレアルにされたように、「速攻」をとりあげられたときにどうするかという課題に直面している。バルセロナやレアルのような強力なポゼッション型のチームも、同じ型のバイエルン・ミュンヘン、パリ・サンジェルマン、マンチェスター・シティが台頭し、戦力では劣るが同様の戦術を採るセビージャ、トッテナムが現れた。つまり、これまでのポゼッションvsブロック守備の構図ではなく、互いにハイプレスを仕掛け、それをかわし、ポゼッションとカウンターの両方を繰り出すという、新たな構図が展開されつつある。

16-17シーズンにみる新しい試合の構図　セビージャvsバルセロナ

ポゼッションvs堅守速攻という、これまで多くみられた試合の構図から16-17シーズンのヨーロッパは明らかな変化が表れている。

バルセロナを筆頭とするポゼッション派に対して、引いて守るよりも前へ出てプレッシングしたほうが良いという考え方をするチームが増えてきた。それはこの数年でリーガ・エスパニョーラに浸透していて、とくに前半の立ち上がりはバルセロナのＧＫにまでプレッシャーをかけていくチームが多くなった。しかし、こうしたハイプレスは15～20分程度しか持続できていない。つまり、前半の途中か遅くても後半からは従来どおりのポゼッションvs堅守速攻という構図に落ち着いていた。

16－17シーズンに表れた変化は、バルセロナと同種の戦術スタイルを指向するチームの増加による、いわば〝兄弟対決〟によるものだ。

バルセロナの兄弟とは、マンチェスター・シティ、バイエルン・ミュンヘン、レアル・マドリー、パリ・サンジェルマンのビッグクラブだけでなく、セビージャ、セルタ・ビーゴ、トッテナムの〝ビエルサ派〟、さらに〝ゲーゲンプレッシング〟のボルシア・ドルトムント、バイヤー・レバークーゼンも含んでいいかもしれない。こうした同種の戦術、あるいは似た戦術指向を持つチーム同士の試合が発生する機会が増えた。プレッシングだけでなく、プレッシングとポゼッションを両輪とするチーム同士の試合である。

そうした似たもの同士の対戦においては、相手がボールを持ったときは極力高い位置からプレッシャーをかけて前へ出て守る一方、同じようにハイプレスをかけてくる相手に対してパスワークでそれをかわして攻撃する。つまり、双方ともハイプレスを敢行し、ハイプレス外しを行うのが試合の構図になるわけだ。

新しい構図において、これまで15分程度が限度だったハイプレスの持続時間はかなり延長されることになる。なぜなら、双方がハイプレスを行うだけでなく、ハイプレスを外すパスワークを身につけているからだ。例えば、セビージャやマンチェスター・シティがバルセロナと対戦したとき、ボールポゼッションは互角に近くなる。場合によってはバルセロナを上回る。15分間がハイプレスの強度を維持できる体力の限界だとしても、一方的にバルセロナがボールを保持しているわけではないので、同じ体力でも倍以上の時間はハイプレスの強度を維持できるわけだ。目安としておよそ60分まで持続できるようになっているようだ。

互いにハイプレスをかけ合う試合でのポイントの第一は、いかに相手のミスを誘えるか、それにつけ込めるか、あるいはプレスをかわしてカウンターに持っていけるか、という攻防である。第二は、どちらにもチャンスがあるオープンな攻め合いの中で、より精度の高いフィニッシュを行うこと。得点すること。逆に決定機を防ぐ力があるかどうか(主にGKの能力)。第三に、消耗戦の中でどちらが先に息切れするか。ハイプレスができなくなったときの対応力はどうか。

さて、ここからはハイプレス同士の典型的な例として、リーガ・エスパニョーラ第11節のセビージャvsバルセロナを戦術的なポイントをあげながら分析していきたい。

図A　セビージャ vs バルセロナ

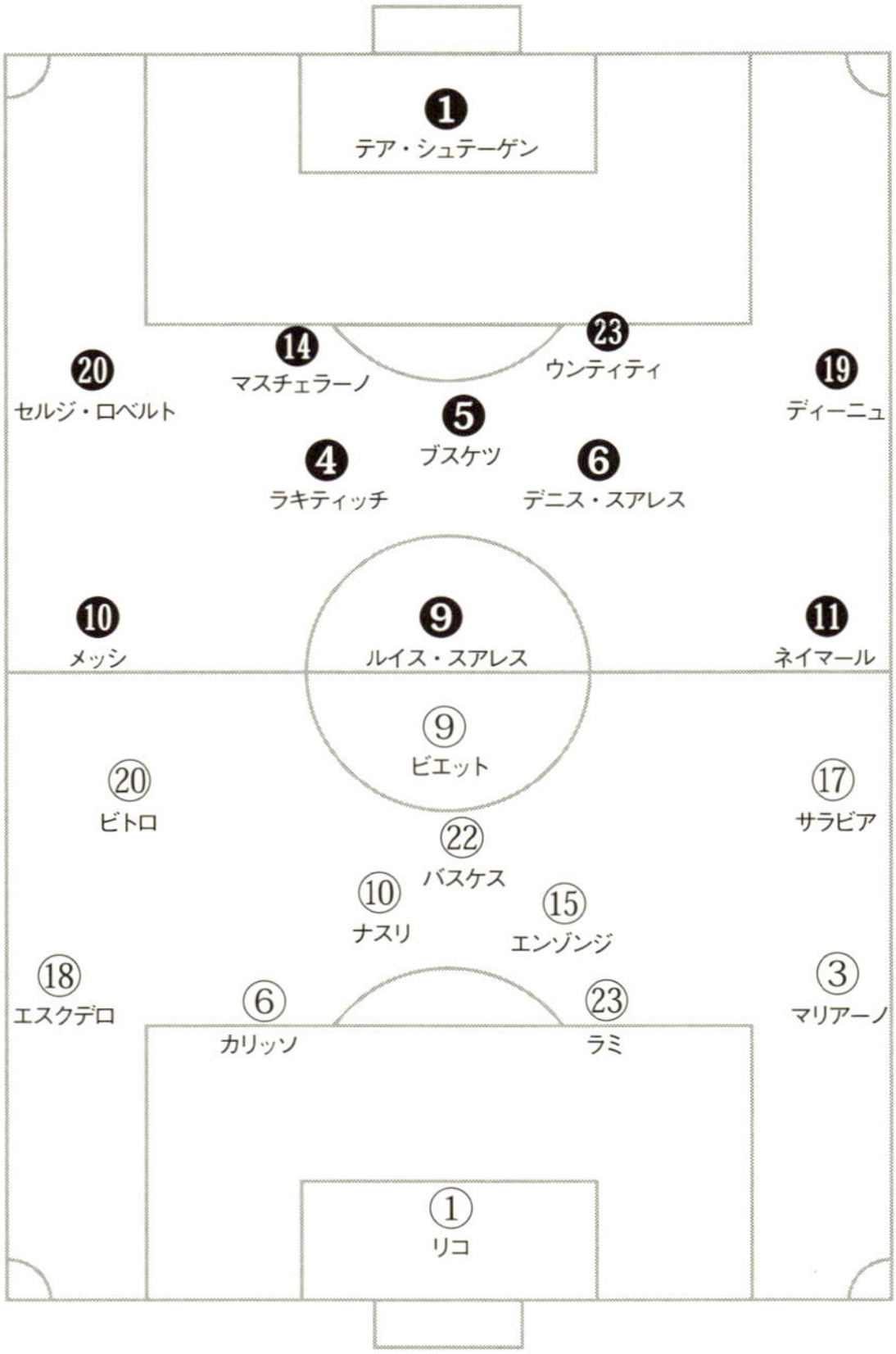

16-17 リーガ・エスパニョーラ第 11 節、セビージャ vs バルセロナ
セビージャは４－２－３－１、バルセロナは４－３－３がキックオフ時のフォーメーション

← ボールの動き　← 人の動き　← ドリブル

まず、両チームのメンバーを確認しておく。【図A】

ホームのセビージャはGKセルヒオ・リコ、DFマリアーノ、ラミ、カリッソ、エスクデロ、MFエンゾンジ、フランコ・バスケス、サラビア、ナスリ、ビトロ、FWビエット。バルセロナはGKテア・シュテーゲン、DFセルジ・ロベルト、マスチェラーノ、ウンティティ、ディーニュ、MFラキティッチ、ブスケツ、デニス・スアレス、FWメッシ、ルイス・スアレス、ネイマール。セビージャは4−2−3−1、バルセロナは4−1−2−3だが、もちろんこれはキックオフ時の配置である。

開始34秒、セビージャのビエットがシュートを放つ。51秒にはバスケスのシュートからセビージャのCK。それをクリアしたバルセロナのカウンターからメッシ→ネイマール→ルイス・スアレスの決定機（GKがセーブ）。早くもオープンな展開になっている。

①マークする相手を背中に置く・ボールが出ない相手は放置する

4分、バルセロナのゴールキック。セビージャのこのゲームにおけるハイプレスの仕方が最初に表れた場面だ。【図B】

図B　バルセロナのゴールキック

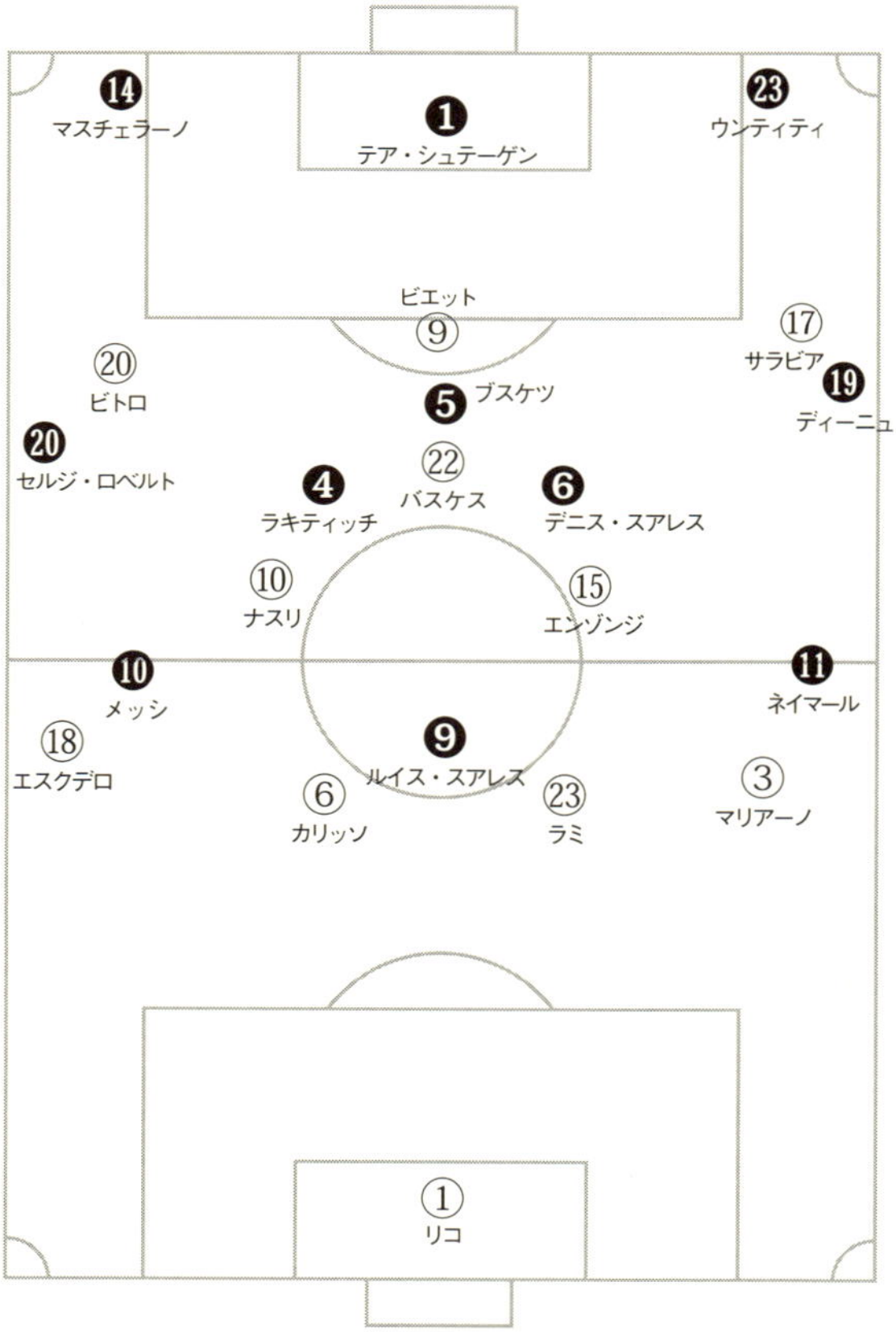

４分、バルセロナのゴールキック時のセビージャの守り方。サイドハーフのビトロとサラビアはバルセロナのＳＢを自分の背後に置き、ＧＫからＣＢへのパスに対してプレッシャーをかけにいく構え

ボールの動き　人の動き　ドリブル

セビージャはバルセロナの4―1―2―3に対して、4―2―3―1のままマッチアップしている。ただし、両サイドハーフのビトロとサラビアは対面するバルセロナのサイドバックを自分の背後に置いている。ペナルティーエリアの両脇にポジションをとるバルセロナのセンターバックの正面に立ち、プレッシャーをかけに動ける体勢である。バルセロナはGKから必ずどちらかのセンターバックにパスをつなぐが、センターバックからサイドバックへのグラウンダーのパスはこれで通らない。浮き球なら通せるが、そのときはセビージャのサイドバックが一気に間合いを詰めることができる。このマークすべき相手を自分の背後に置く守り方は、ハイプレスでよく使われるポジショニングだ。

このシーンでは、GKからウンティティへパスが出されたが、ビエットに寄せられたウンティティがGKへボールを戻し、GKテア・シュテーゲンは大きく前方へフィードしている。【図C】

初手はビルドアップを諦めさせたセビージャの勝ちといっていい。テア・シュテーゲンにはビトロがプレスしていた。ビトロがGKへ行ったために、バルセロナの右サイドバック（セルジ・ロベルト）は完全にフリーになっているのだが、そこにはボールが出ないのでセビージャとしては全く問題がない。ビトロはセルジ・ロベルトとGKを結ぶ線上に動いているのでグラウンダーのパスは通らないし、ウンティティからリターンを受けて外を向いているGKが切り

図C　テア・シュテーゲンのフィード

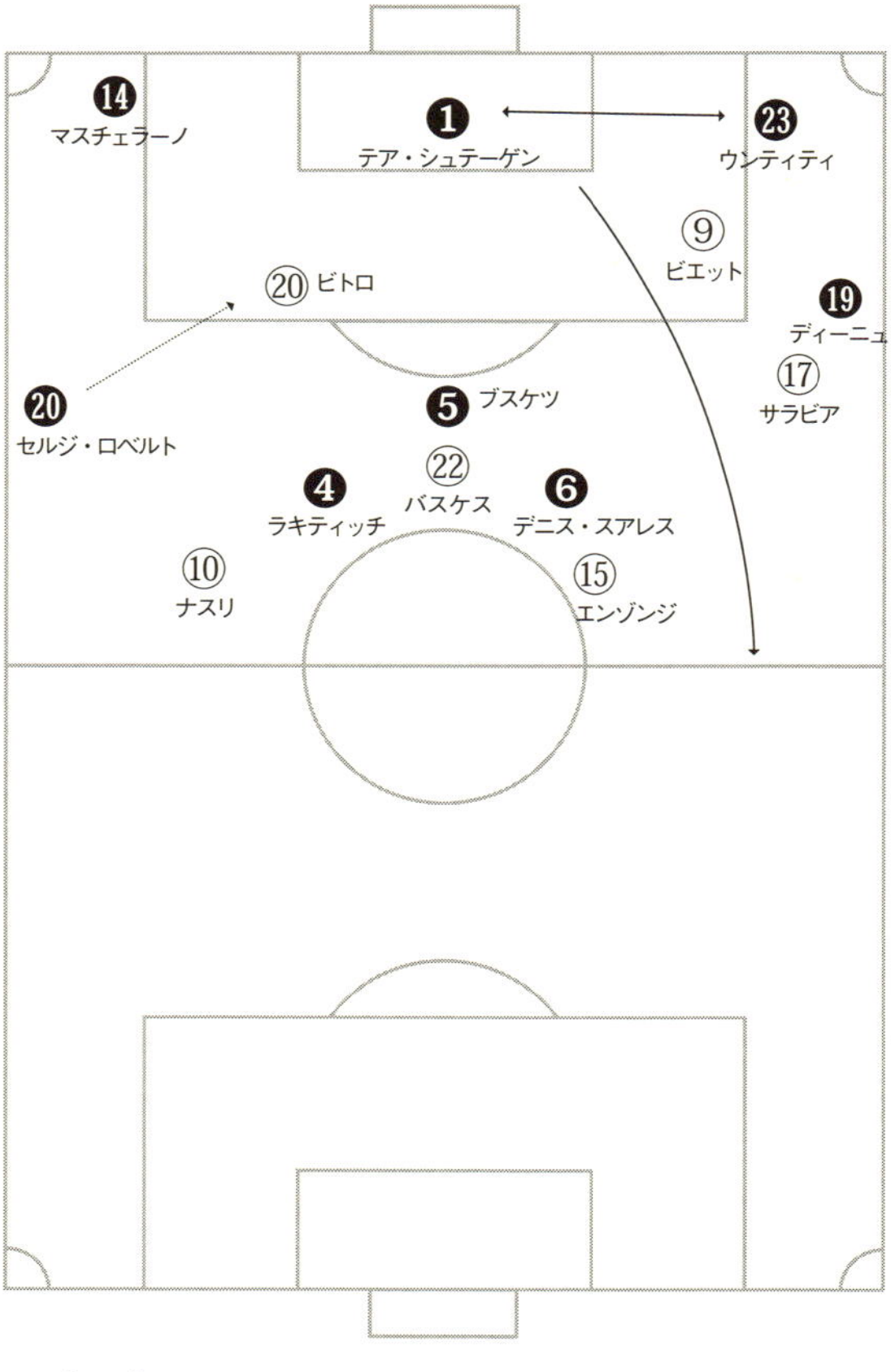

４分、バルセロナのＧＫテア・シュテーゲンはウンティティへパス。そこへビエットがプレス、ウンティティはテア・シュテーゲンへリターンする。テア・シュテーゲンにはビトロがプレス。右方向へのターンが難しいテア・シュテーゲンはロングパスを選択

ボールの動き　人の動き　ドリブル

返して逆を向くにはリスクがありすぎる。このように、ハイプレスにおいてはボールが出ない相手を放置する守備もポイントになる。相手のGKを最初からマークすることはできない。GKへプレスするならば、誰かをマークしないという選択をしなければならないからだ。

②ワンタッチパスの連続

バルセロナにビルドアップを放棄させ、スローインを得たセビージャ。今度はバルセロナのハイプレスをいかに外すか。4~5分にかけてのシーンを追ってみる。【図D】

セビージャはいったんボールを下げた。そこへバルセロナがハイプレスをかける。ルイス・スアレスがラミにプレス、ラミはGKリコへバックパスする。ルイス・スアレスはそのままGKにもプレスしていく。それに対してセビージャはGKリコ→エンゾンジ→ラミ→マリアーノとパスを回し、フリーになったマリアーノがドリブルで一気に前進、クロスボールをエスクデロがボレーシュートする形で終わっている。

このシーンでは、バルセロナのハイプレスがことごとく後手になっていた。すべて一歩ずつ遅れているので、最終的にはマリアーノをマークしていたネイマールが釣り出されてマリアー

図D　4～5分のシーン

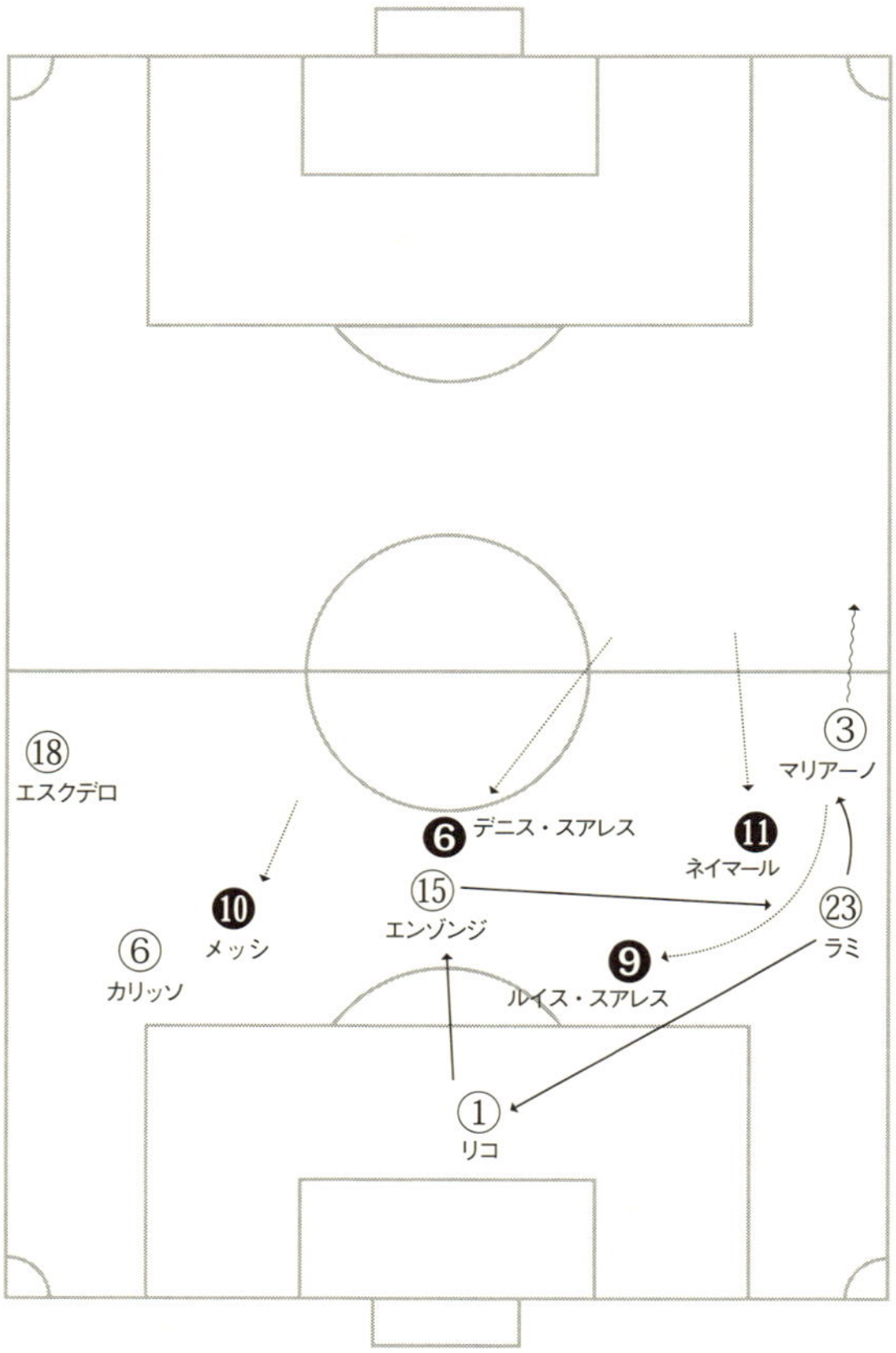

セビージャのラミからＧＫリコへパス。ラミへプレスしたルイス・スアレスがそのままボールを追い、ネイマール、メッシらが次々にプレスをかけるが、セビージャはワンタッチパスの連続でかわしてマリアーノへつなぐ

←―― ボールの動き　←…… 人の動き　←〜〜 ドリブル

ノがフリーになっているわけだ。

GKまでプレスをかけていく効果は直前のセビージャのケースにみられたわけだが、それが1つ遅れると、今度は玉突き的にマークがズレてしまう。ハイプレスが外されたときには、まともにカウンターアタックを受ける。そのリスクが端的に表れた場面だった。ハイプレスが外されても中盤で守備ブロックを作り直して対峙できればいいのだが、このケースでバルセロナはリトリートが間に合っておらず、総退却を余儀なくされた。ハイプレスはこうしたリスクのある守り方である。それを認識せずに模倣に走れば、そのチームは悲惨な結果になるのだろう。

③受け渡しと挟み込み

6分のセビージャの守備と、それに続く攻撃もプレッシング+ポゼッション戦法の手本になるものだ。バルセロナのマスチェラーノが自陣ペナルティーエリアすぐ外でキープ、左にいたブスケツに横パスを送るところからみてみよう。【図E】

ブスケツにビエットが寄せる。ブスケツは左に開いたウンティティへパス。すでにセビージャの選手たちはボール方向へ移動して、ボールから遠くかつ後方にいる（つまり最も危険のな

図E　6分のシーン①

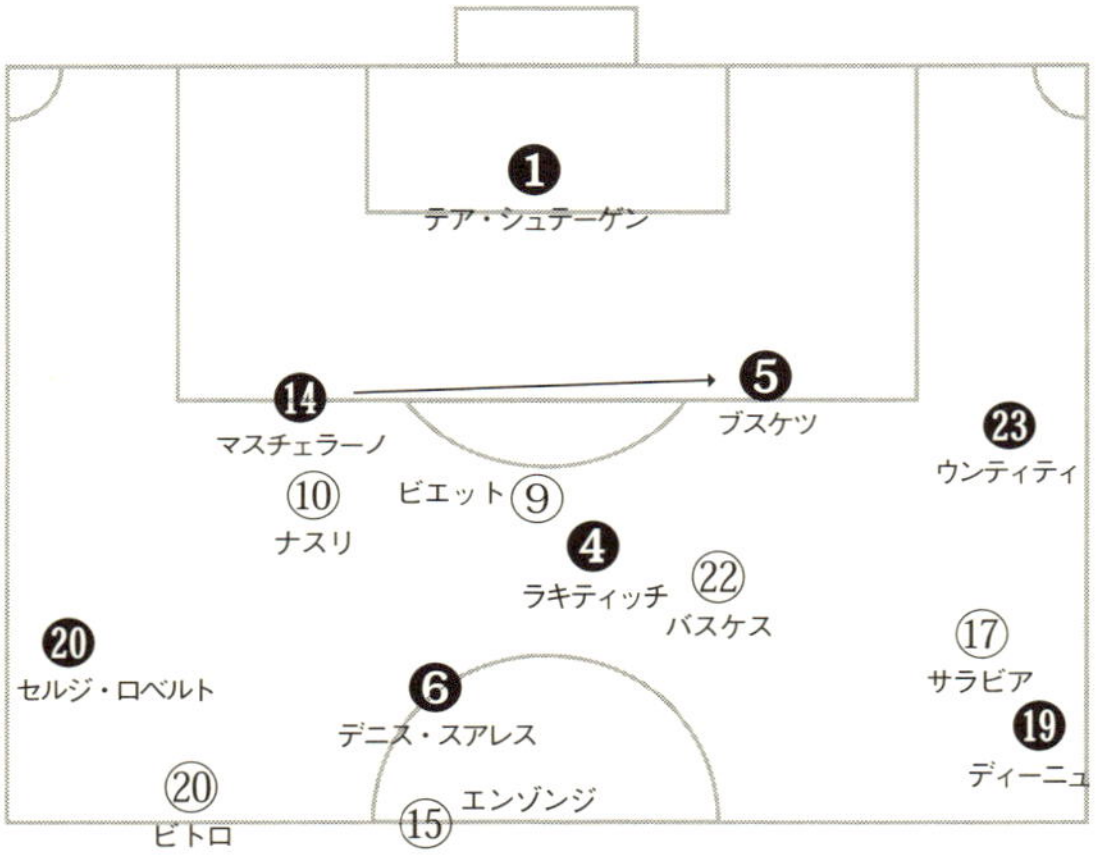

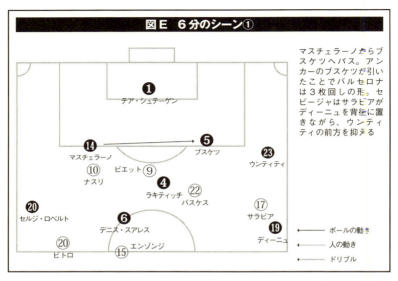

マスチェラーノからブスケツへパス。アンカーのブスケツが引いたことでバルセロナは３枚回しの形。セビージャはサラビアがディーニュを背後に置きながら、ウンティティの前方を抑える

ボールの動き
人の動き
ドリブル

図F　6分のシーン②

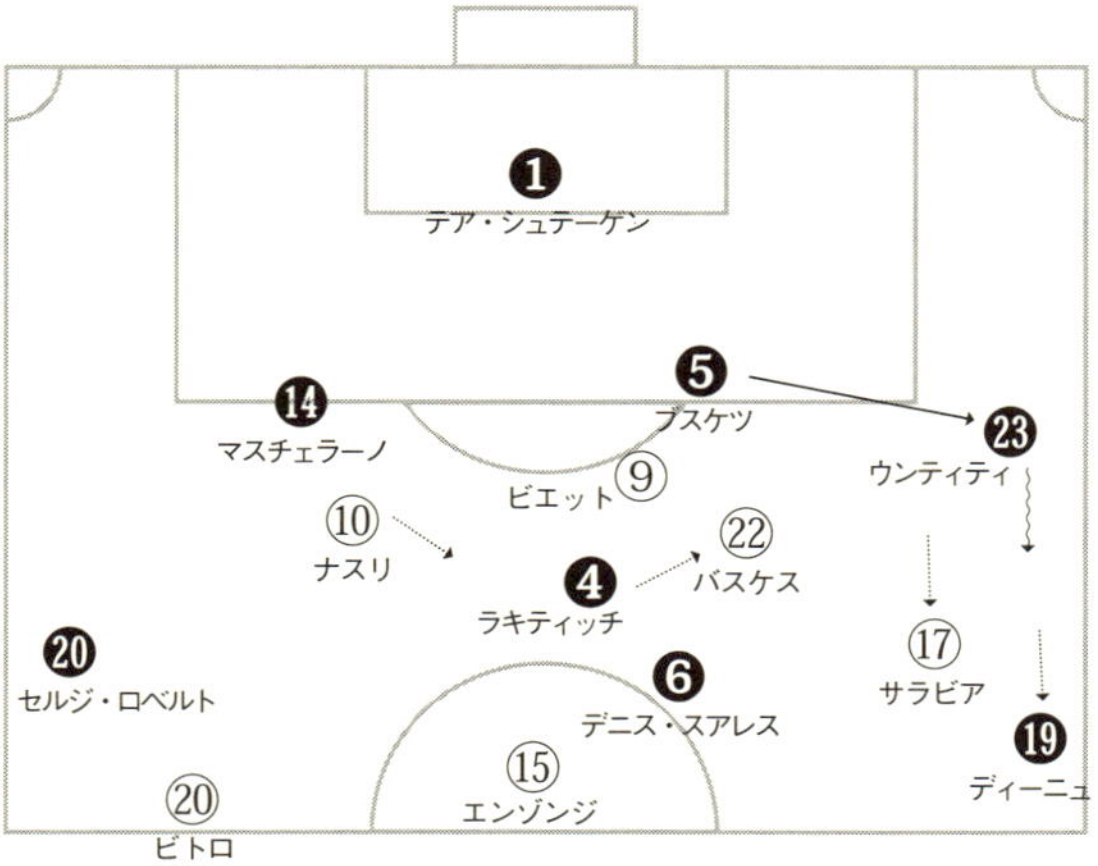

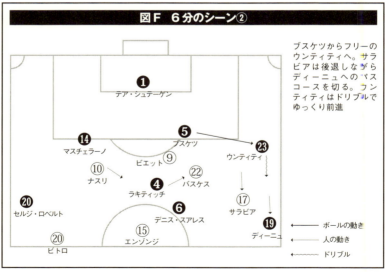

ブスケツからフリーのウンティティへ。サラビアは後退しながらディーニュへのパスコースを切る。ウンティティはドリブルでゆっくり前進

ボールの動き
人の動き
ドリブル

い）マスチェラーノを放置する形で残りの選手をマークする形になっている。【図F】

ここでサラビアの対応に注目したい。サラビアはディーニュを背中に置く形で守っていたが、フリーのウンティティがドリブルで前進してきたので、バックステップを踏んでディーニュへのパスに備えていた。しかし、ディーニュがハーフラインを越えようとしたときにサラビアは後退を止め、ディーニュへのパスコースを切る位置に立ってウンティティを迎え撃つ。同時に、ネイマールをマークしていたマリアーノは直ちに方向を変えてディーニュへのマークに切り替えた。つまり、サラビアとマリアーノの間でマークを受け渡している。【図G】

サンパオリ監督はマルセロ・ビエルサの戦術を研究した〝ビエルサ派〟の代表格だが、実はビエルサと直接の接点はない。ビエルサがアヤックスを率いていたルイ・ファンハール監督の戦術を独習したように、サンパオリもビエルサ式を独力で学んでいる。そのせいか、守備方法に若干の違いがあるのかもしれない。ビエルサ監督が率いた直近のチームはマルセイユだが、マルセイユではこのようなケースでマークの受け渡しをしていなかった。この場面でいえば、サラビアはディーニュをマークし続け、マリアーノもネイマールを離すことはない。しかしセビージャはマンマークを基本としているものの、受け渡しも頻繁に行っているのだ。もっとも、ビエルサ式でもセンターバックとアンカーのパートは受け渡しをしており、このケースでもボ

図G　6分のシーン③

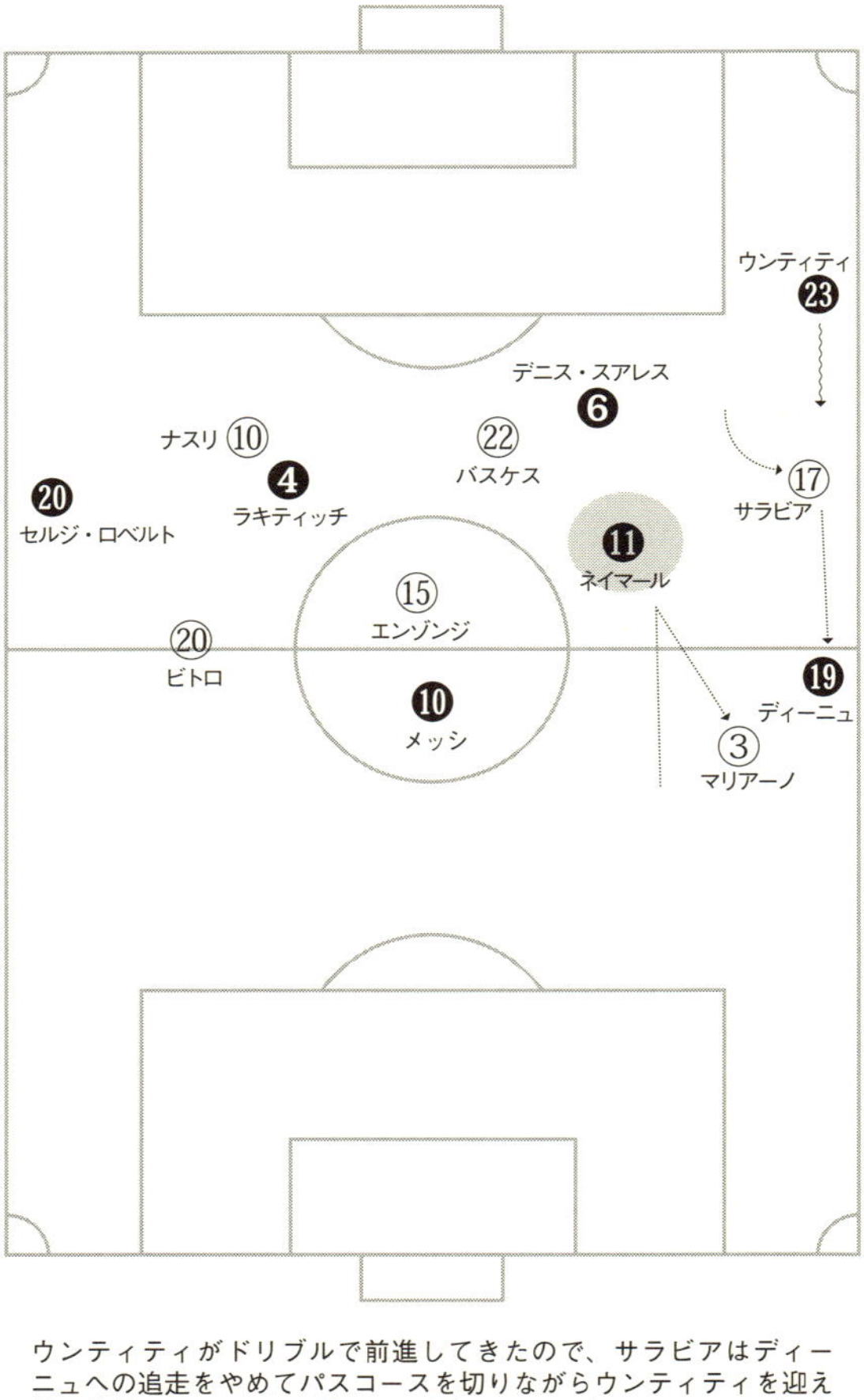

ウンティティがドリブルで前進してきたので、サラビアはディーニュへの追走をやめてパスコースを切りながらウンティティを迎え撃つ体勢。マリアーノは引いていくネイマールをマークしていたが、ディーニュへのマークに切り替える

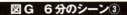

ールホルダーであるウンティティがフリーになっているので、受け渡すべき状況なのかもしれない。守備の優先順位は①ボール②人③スペースだからだ。

ともあれサラビアは止まり、マリアーノがディーニュを受け取ったので、ネイマールはフリーになった。ウンティティはすかさずネイマールの足下へパスを入れている。しかし、この後のセビージャの対応が早かった。サラビアとバスケスがネイマールを挟み込んでボールを奪ってしまう。【図H】

バスケスはデニス・スアレスをマークしていたが、ネイマールへパスが入った時点でデニス・スアレスはボールの後方にいる。ウンティティの迎撃態勢にあったサラビアにとっても、パスを出したウンティティはもうマークする必要のない相手だった。バスケスとサラビアは即時に次のターゲット（ネイマール）へ飛びかかるように守備に入っている。ボールはすでに中盤にあり、優先順位の低い相手は捨てていく段階である。

ボールを失ったバルセロナは直ちにプレスに移行。だが、セビージャはまたも素早いパスワークでプレスを外す。【図I】

サラビアのバックパスからラミ→エンゾンジ→カリッソ→マリアーノとすべてワンタッチのパスを連続させてフリーのマリアーノに渡した。バルセロナはハイプレスを仕掛けているがま

図H　6分のシーン④

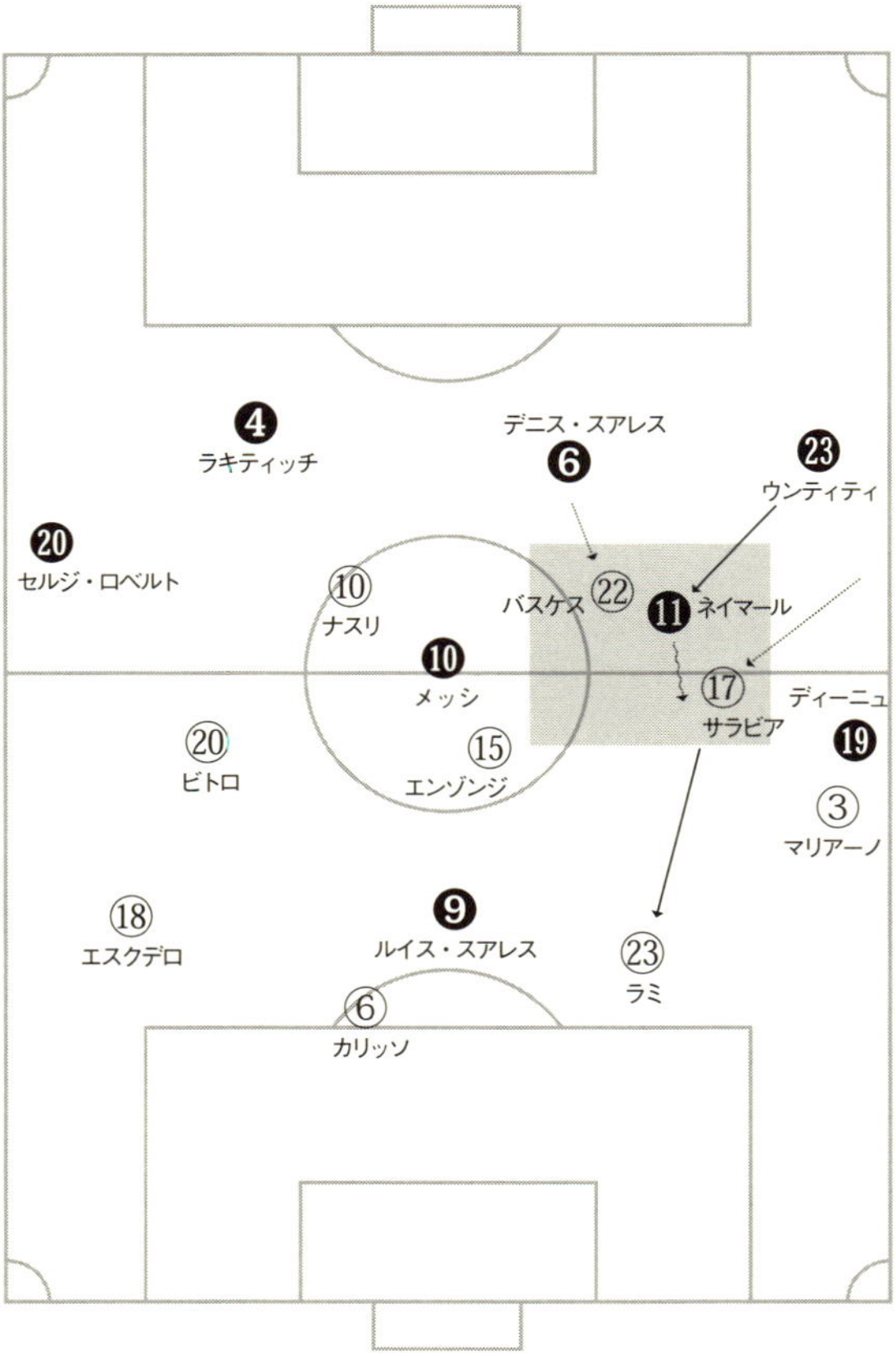

ウンティティがフリーになったネイマールへパス。そこへすかさずサラビアとバスケスが挟み込む。ネイマールはドリブルでかわそうとしたが、サラビアがボールを突いて後方のラミへ渡す

ボールの動き　人の動き　ドリブル

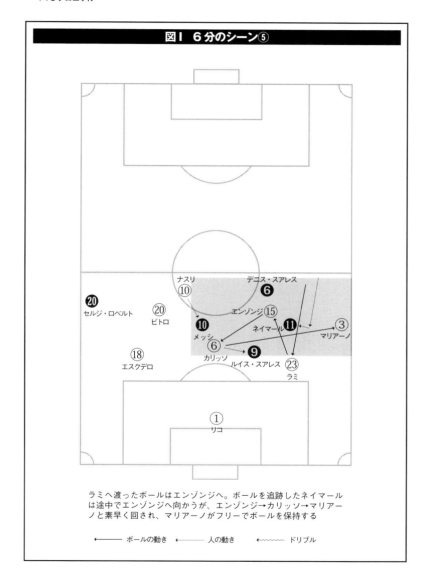

図1　6分のシーン⑤

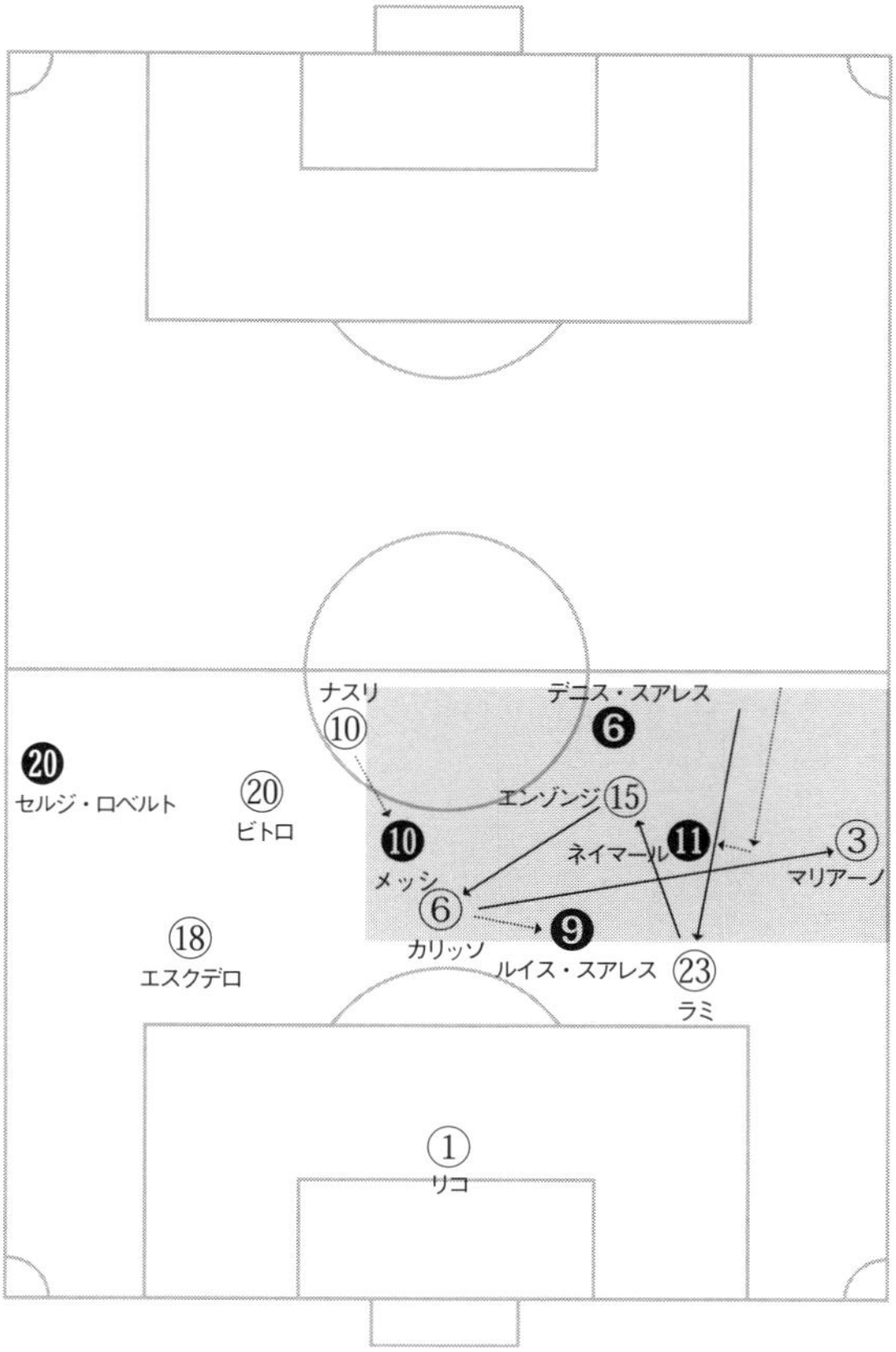

ラミへ渡ったボールはエンゾンジへ。ボールを追跡したネイマールは途中でエンゾンジへ向かうが、エンゾンジ→カリッソ→マリアーノと素早く回され、マリアーノがフリーでボールを保持する

←―― ボールの動き　←…… 人の動き　←〜〜 ドリブル

たも完全に後手に回っている。さぼっているわけではない。最初にサラビアにボールを奪われたネイマールはラミへと猛烈に詰め寄り、エンゾンジへパスされるとすぐに方向を変えてエンゾンジへ。気の毒になるぐらい頑張って守備に走っている。ただ、ネイマールがボールを追いかけすぎたために、最終的にマリアーノがフリーになった。ルイス・スアレス、メッシ、デニス・スアレスも素早く詰め寄っているが、いずれも寄せきる前にボールを捌かれている。セビージャがワンタッチパスを連続させたためにプレスが追いつかないのだ。その間、セビージャの選手たちはほとんど動いていない。局面的には4対4なのだが、常にフリーでいる選手にパスを出し続けてバルセロナに後追いさせている。

④ビルドアップ方向の誘導

7分、バルセロナのゴールキックの場面。GKテア・シュテーゲンはゴールエリアのほぼ中央にボールをセットし、いつものようにセンターバックが左右に開く。セビージャのハイプレスの方法が最初のとき（4分）とは違っているのが興味深い。【図J】

バルセロナの両センターバックへプレスをかけようとしているセビージャの選手はビエット

図J　7分のシーン①

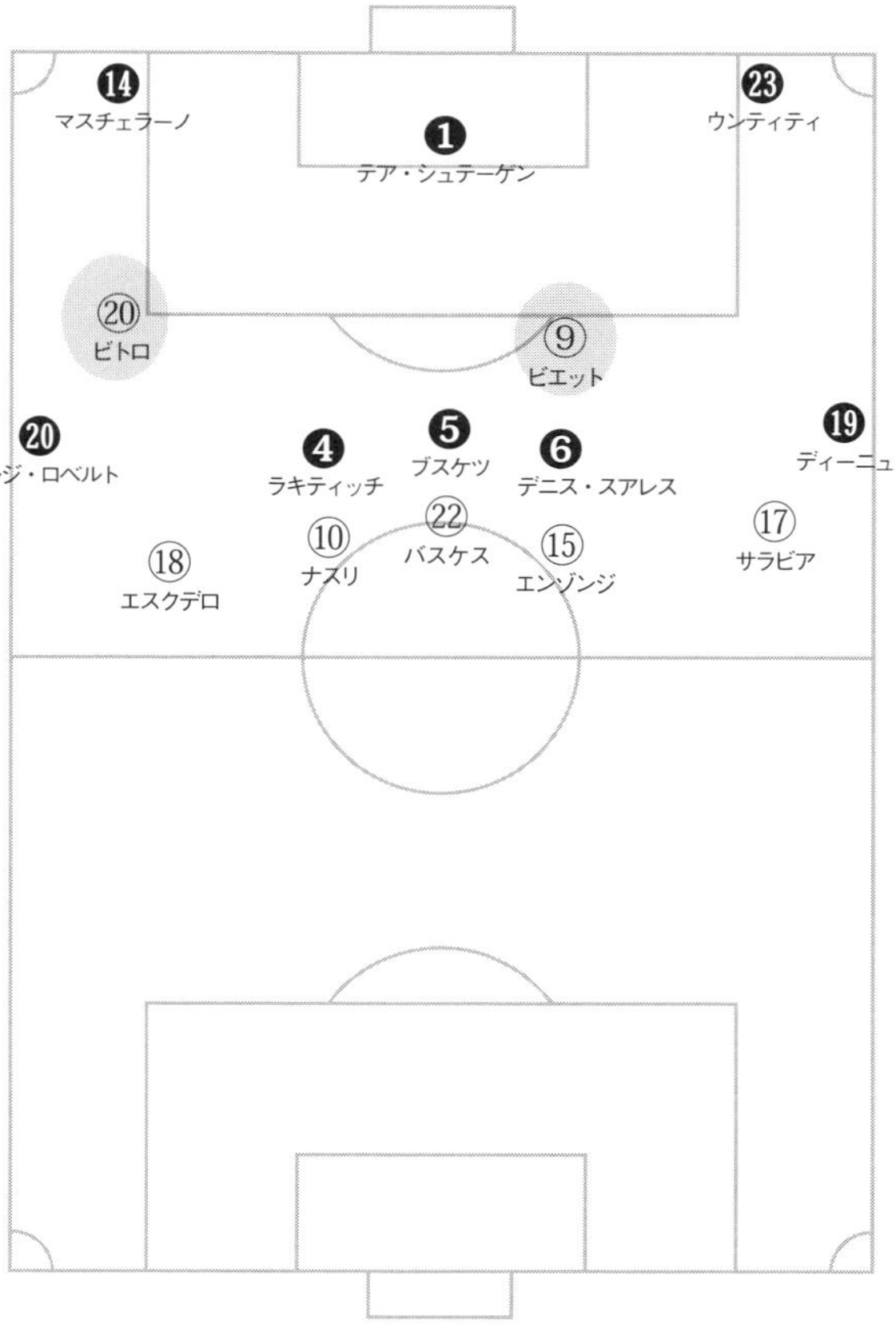

バルセロナのゴールキックに対して、セビージャはすべて１対１にする形で対応。ただし、ビトロとビエットのＣＢへ向かうための位置どりが違う。ウンティティへのパスコースを甘くしていて、そちらへのパスを誘導している

ボールの動き　人の動き　ドリブル

とビトロなのだが、2人のポジショニングが微妙に違っている。左側にいるビトロは、ペナルティーエリアの角に位置し、ターゲットとなるマスチェラーノへ真っ直ぐアプローチすべく構えている。一方、ビエットはペナルティーアークの右端にいる。ウンティティへアプローチするには角度がついている。2人の立ち位置の違いが何を意味しているかといえば、ウンティティへのパスを促しているとしか考えられない。

そしてテア・シュテーゲンはウンティティへボールを渡している。その後は、4分のシーンとほとんど同じだ。ビエットがウンティティへプレス、ビトロはマスチェラーノを捨ててGKへプレス、残りは同数によるマンマーク。ただ、テア・シュテーゲンが蹴るやいなや、エスクデロはセルジ・ロベルトを放置して自陣中央へ向かって移動した。そこにはメッシとルイス・スアレスがいて、セビージャのセンターバック2人がマークしている。エスクデロはそこへ向かい、数的優位を作ろうとしている。【図K】

最初のときとは違ってウンティティはGKへリターンしていないが、結局ビルドアップを諦めてネイマールへロングフィード。マークしていたマリアーノがカットした。では、なぜセビージャはマスチェラーノ側を遮断し、ウンティティへの展開を誘導したのだろうか。その意図を探ると、マスチェラーノ側にはメッシがいるから、ということではないか。

図K　7分のシーン②

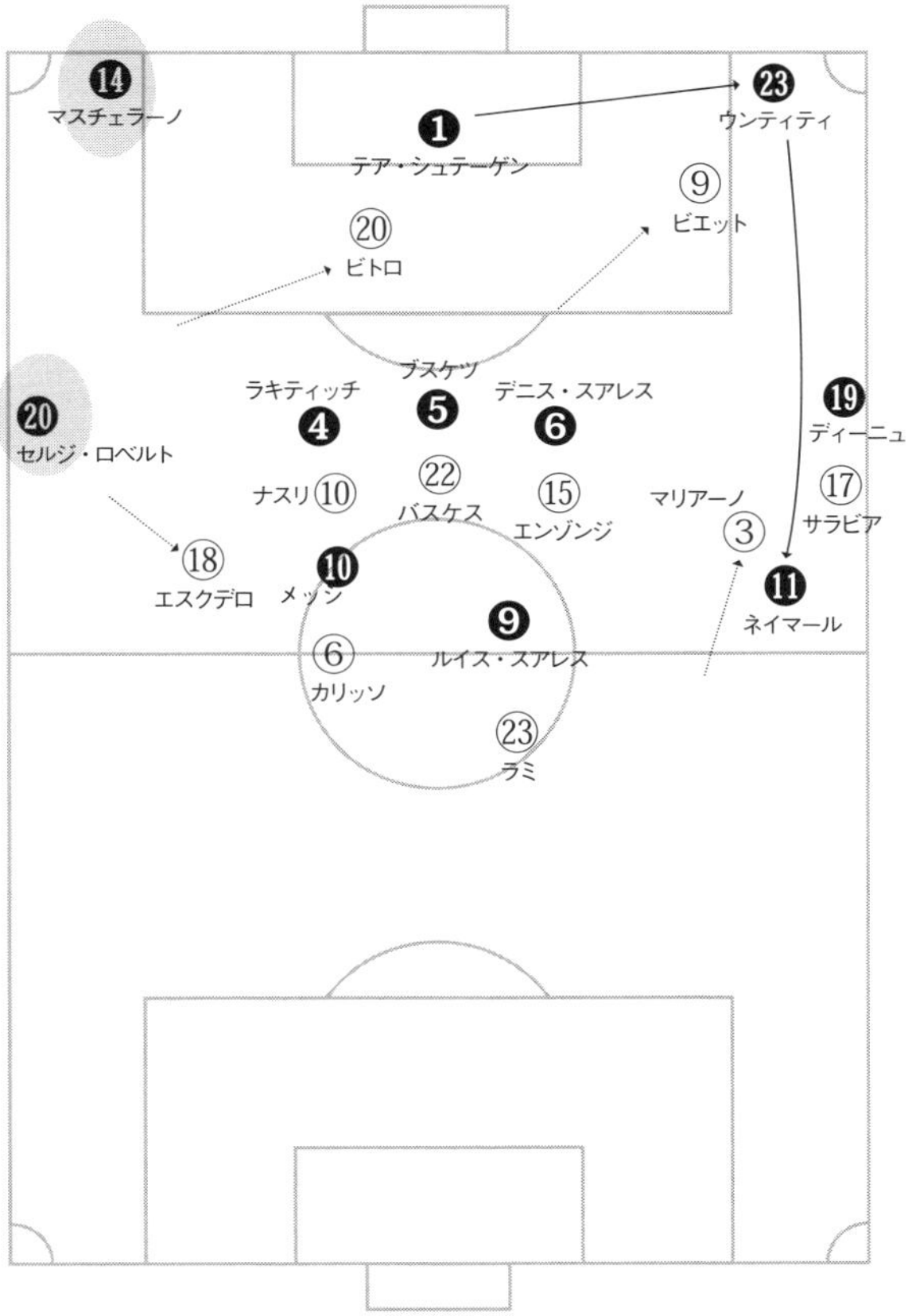

テア・シュテーゲンはウンティティへパス。ウンティティにはビエットがプレス、ビトロはＧＫへのリターンを阻止すべくＧＫへプレス。残りは１対１のままだが、左ＳＢエスクデロは中央へ移動して数的優位を作る

←―― ボールの動き　←…… 人の動き　←〜〜 ドリブル

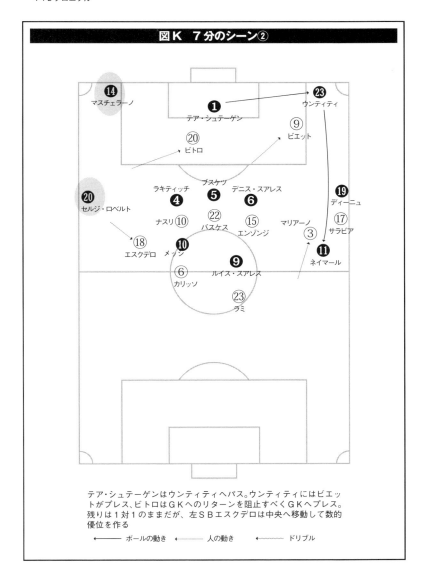

⑤プレス回避のためのメッシの曖昧なポジショニング

9分のバルセロナのFKでもセビージャの対応は同じである。【図L】

ほとんどゴールキックと変わらない位置からのFKに対して、ビトロはマスチェラーノへ真っ直ぐアプローチできる場所にいる。ビエットはペナルティーアークの中、やはりウンティティを空けている。ただ、この位置からウンティティへのパスは通しにくい。かといって、まさに射程に置かれているマスチェラーノへ出すのは危険であり、テア・シュテーゲンは前線へのロングフィードを選択した。テア・シュテーゲンのロングパスはカリッソにカットされてしまうのだが、バルセロナとしてはこれで正解である。

このシーンで、バルセロナの選手でフリーになっていたのはメッシだった。セビージャの左サイドバックであるエスクデロが本来のマーク役なのだが、メッシはほとんど右ウイングのオリジナルポジションにはいない。たいていはルイス・スアレスとの2トップといっていい。そこでエスクデロはセルジ・ロベルトをマークしているのだが、この場面ではメッシが中途半端な位置にいて誰の守備範囲にも入っていないことに気づき、味方のセンターバックに注意を促

図L　7分のシーン③

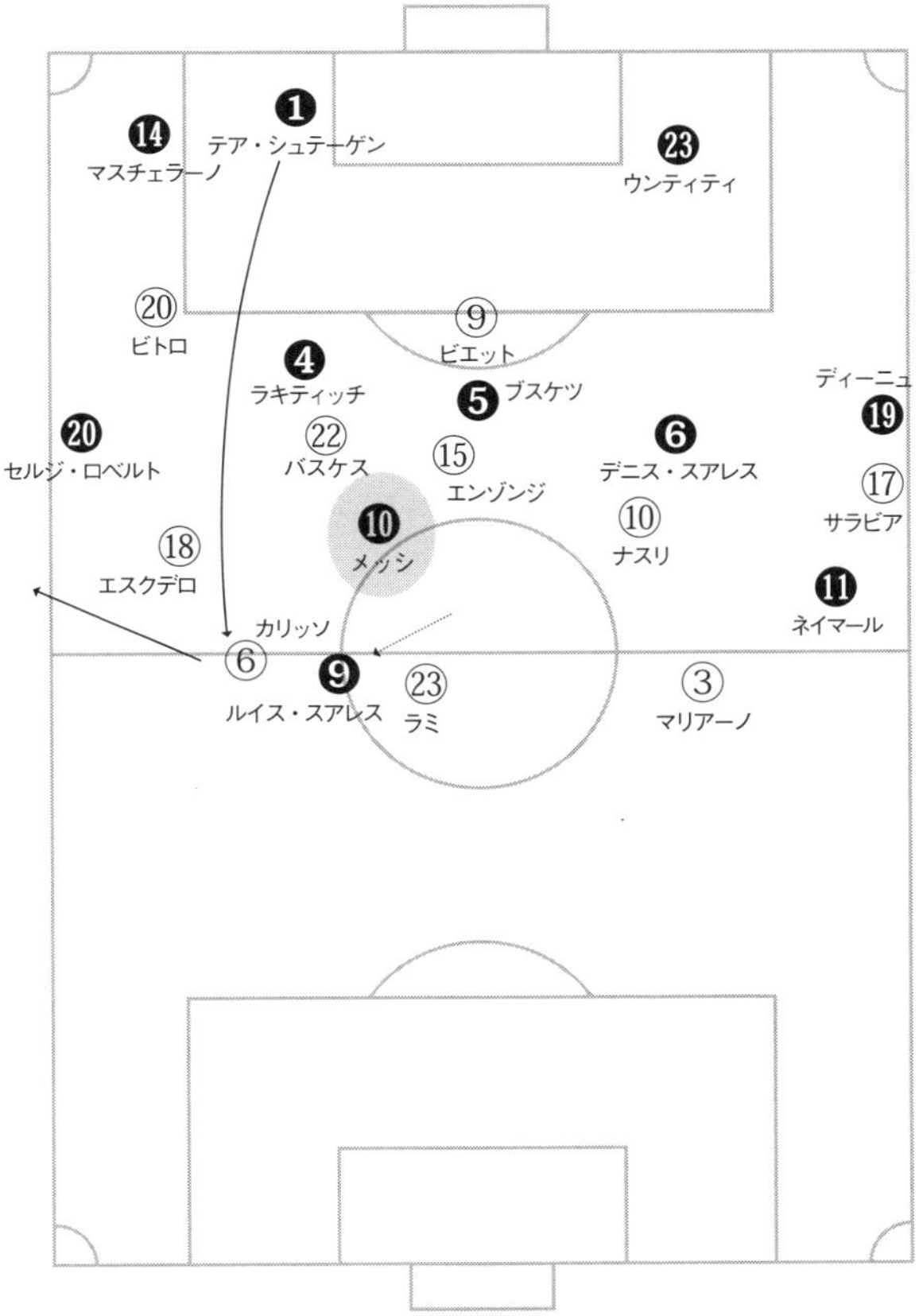

テア・シュテーゲンから斜めに動いたルイス・スアレスへロングパス、しかしカリッソがカットしてタッチアウトする。曖昧な位置でフリーになっているメッシをつかまえようとラミが少し動いた瞬間にルイス・スアレスが走り出していた

←―― ボールの動き　←…… 人の動き　←～～ ドリブル

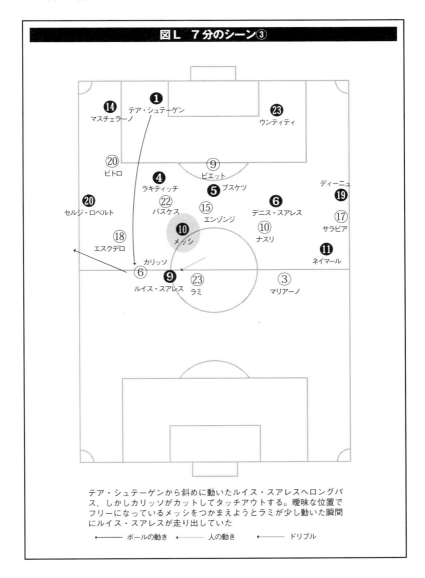

していた。それでラミが前に出てメッシに近づこうとした瞬間、ルイス・スアレスが抜け目なくラミのマークから逃れ出てサイドへ流れ、テア・シュテーゲンからのロングボールを受けようとしている。すでに落下点を守っていたカリッソがクリアしたものの、もう少しボールが伸びて抜けていればルイス・スアレスは完全にフリーになっているところだった。ここで注目したいのはメッシのポジショニングである。

もともとセビージャが同数で守っているのだから、GKがロングボールを選択するのは理にかなっている。FWが1対1に勝てば、あとは相手のGKだけだ。さすがにそれはまずいので、セビージャはルイス・スアレスの近くにセンターバック2人がいる。ただ、そのために少し引いた位置にいるメッシを誰もマークできていなかった。

バルセロナはビルドアップで行き詰まったときに、よくこの手を使っている。ボールに近い味方がすべて抑え込まれてしまったとき、メッシがセンターサークルからやや手前のスペースへ下りてくるのだ。この位置へのGKからのフィードは距離が長いぶんコントロールが難しく、ボールの滞空時間も長いので相手のセンターバックから寄せられる可能性も高い。このときのセビージャのようにメッシをフリーにすることはあっても、ボールが届くころには寄せられてしまう。ただ、彼はメッシなのだ。

その程度のプレッシャーなら奪われない自信がある。メッシ本人だけでなく、チームとして自信を持っている。メッシは困ったときの例外的な預けどころなのだ。このシーンではやや遅れ気味になったものの、ラミはメッシをマークすべく動いている。あるいは、最初からメッシに密着してくることもあるだろう。そのときは、メッシ＋ルイス・スアレスと相手センターバックがまさに2対2の関係になっているのだから、GKはどちらかへフィードすればいい。2対2というより縦に1対1の関係なので、メッシかルイス・スアレスのどちらかが空中戦に競り勝ち、一方がDFの裏へ走ってそれを拾えば、一気にゴールへ迫るビッグチャンス到来となる。ちなみにメッシは身長が低いが空中戦はかなり強く、実際にそのパターンで点をとった試合もある。

ポゼッション型のチームはロングボールをあまり使いたがらない。バルセロナはとくにそうで、かなり無理そうな場面でもショートパスをつないでボールを運ぼうとする。だが、ロングボールをいっさい使わないわけではなく、必要なときには使えと育成年代から教えている。ロングボールを使うべき状況とは、まさにこのときで、セビージャは1対1を10個作って守ろうとしていた。ボールはクリアされたが、メッシとルイス・スアレスはGKテア・シュテーゲンに拍手していた。

⑥オープンな状態を容認する勇気

ここまでの約10分間、ハイプレスでもプレス外しでもセビージャがバルセロナを上回っていた。15分に先制したのも必然的といえる。ただ、その直前にはバルセロナが決定機の一歩手前まで攻め込んでいた。そこでボールを奪ってからの攻撃でビトロの得点につなげている。オープンな流れになっているからこそ生まれたゴールだった。この兄弟対決は、ともにリスクを負った打ち合い、肉を切らせて骨を断つような展開になりやすい。

セビージャが先制した後、バルセロナがハイプレスを外す場面が続く。いずれもセビージャのファウルで中断してしまうが、カウンターに持って行けそうな流れだった。24分のパスワークをあげておくが、かなりスリリングなかわし方で、奪えばセビージャのチャンス、すり抜ければバルセロナのチャンスになるという攻防だ。【図M】

ブスケツのGKへのバックパスから続く、ハイプレスとハイプレス外しの攻防だが、バルセロナはほとんど意地になっているようにパスをつないでいる。最後はデニス・スアレスがナスリにファウルされているが、抜け出していればMSNによるカウンターが炸裂していただろう。

図M　24分のシーン

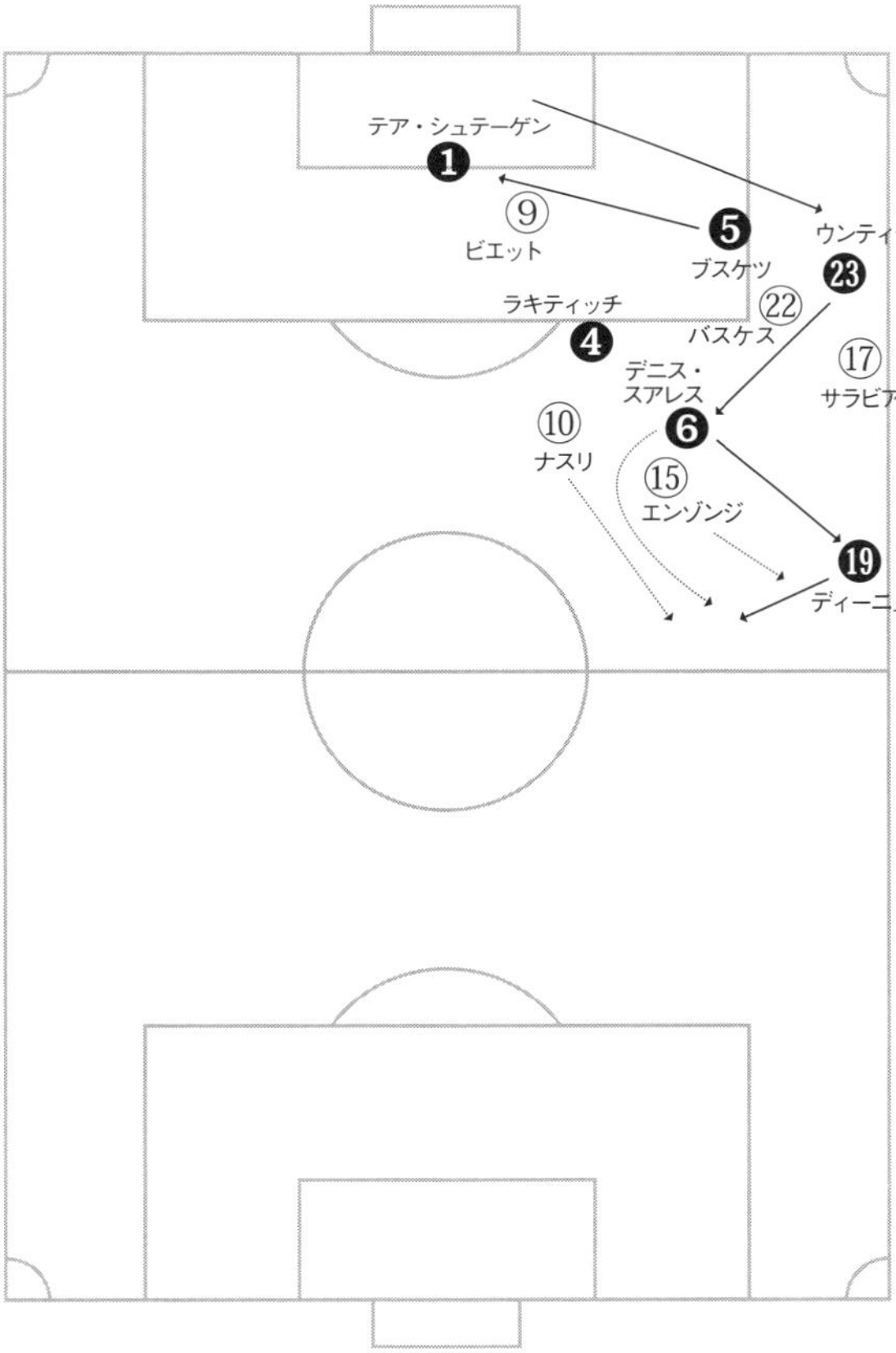

バルセロナがブスケツ→テア・シュテーゲン→ウンティティ→デニス・スアレス→ディーニュ→デニス・スアレスとパスをつなぐ。その間、セビージャは絶え間なくプレスをかけ続け、それをぎりぎりでかわす。デニス・スアレスがファウルされて中断

←―― ボールの動き　←…… 人の動き　←〜〜 ドリブル

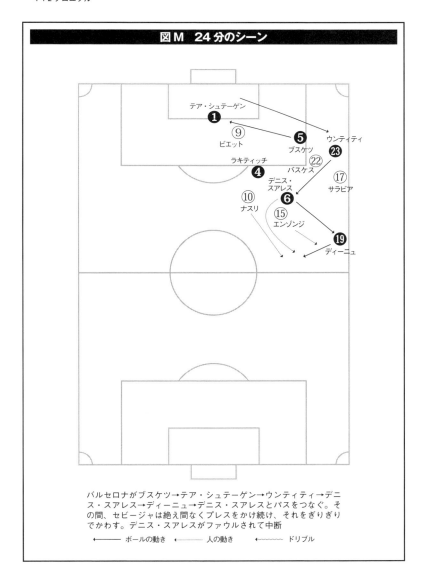

33分のバルセロナのビルドアップも見事だった。【図N】

マスチェラーノがブスケツとのパス交換でフリーになり、狙い定めてセルジ・ロベルトへパスを通している。セルジ・ロベルトをマークしていたのはエスクデロだが、やはりこのときも捕まえにくい位置にいるメッシが気になって、途中でセルジ・ロベルトよりもメッシへのパスを警戒したポジションをとった。マスチェラーノはそれを見逃さず、フリーになったセルジ・ロベルトへ針穴を通すようにパスしている。

この直後、エスクデロはセルジ・ロベルトを追走するが、そのことでメッシがフリーになってボールが渡る。【図O】

メッシは得意のカットインからスルーパス。ネイマールへのパスは中央に空いたスペースを埋めに帰陣したエスクデロがコースを読んでカット。この攻防も見応えがあった。【図P】

メッシの曖昧なポジショニング、それを利用したマスチェラーノ→セルジ・ロベルトの攻め込み。それによってフリーになったメッシへのパス。得意な位置、角度で前向きにボールを受けてスイッチの入ったメッシによる十八番のカットインとスルーパス。それを読んだエスクデロは、結果的にこの難局に振り回されながら、最後は危機を回収した格好である。

この後も双方にチャンスがあったが、43分にメッシのゴールでバルセロナが1－1の同点に

図N　33分のシーン①

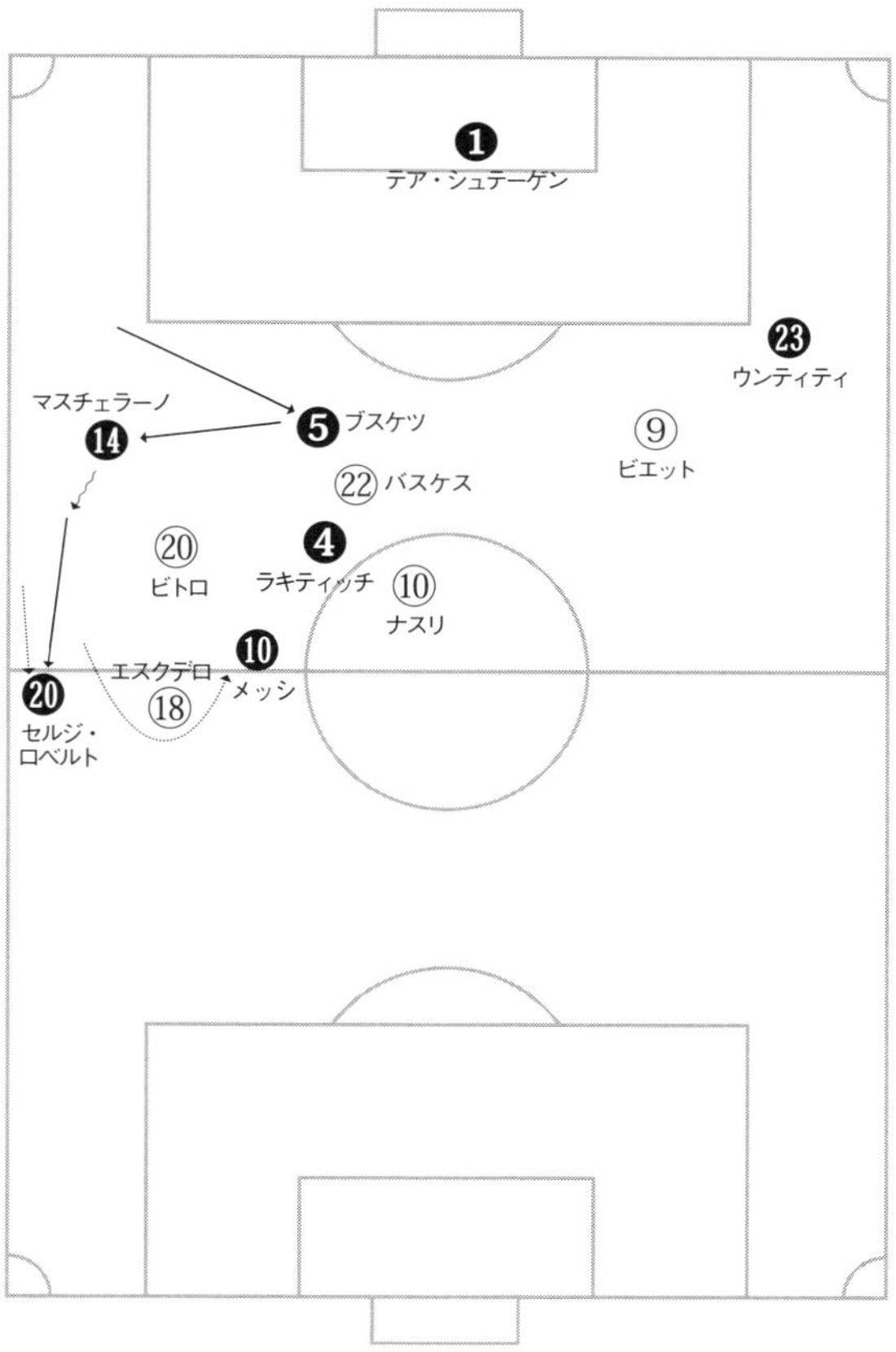

マスチェラーノがブスケツとのパス交換でフリーになる。エスクデロはセルジ・ロベルトをマークしていたが、メッシが気になってそちらを警戒。その瞬間にセルジ・ロベルトはエスクデロの斜め後方へ走り、マスチェラーノからピンポイントのパスが通る

←―― ボールの動き　←…… 人の動き　←〜〜 ドリブル

図O　33分のシーン②

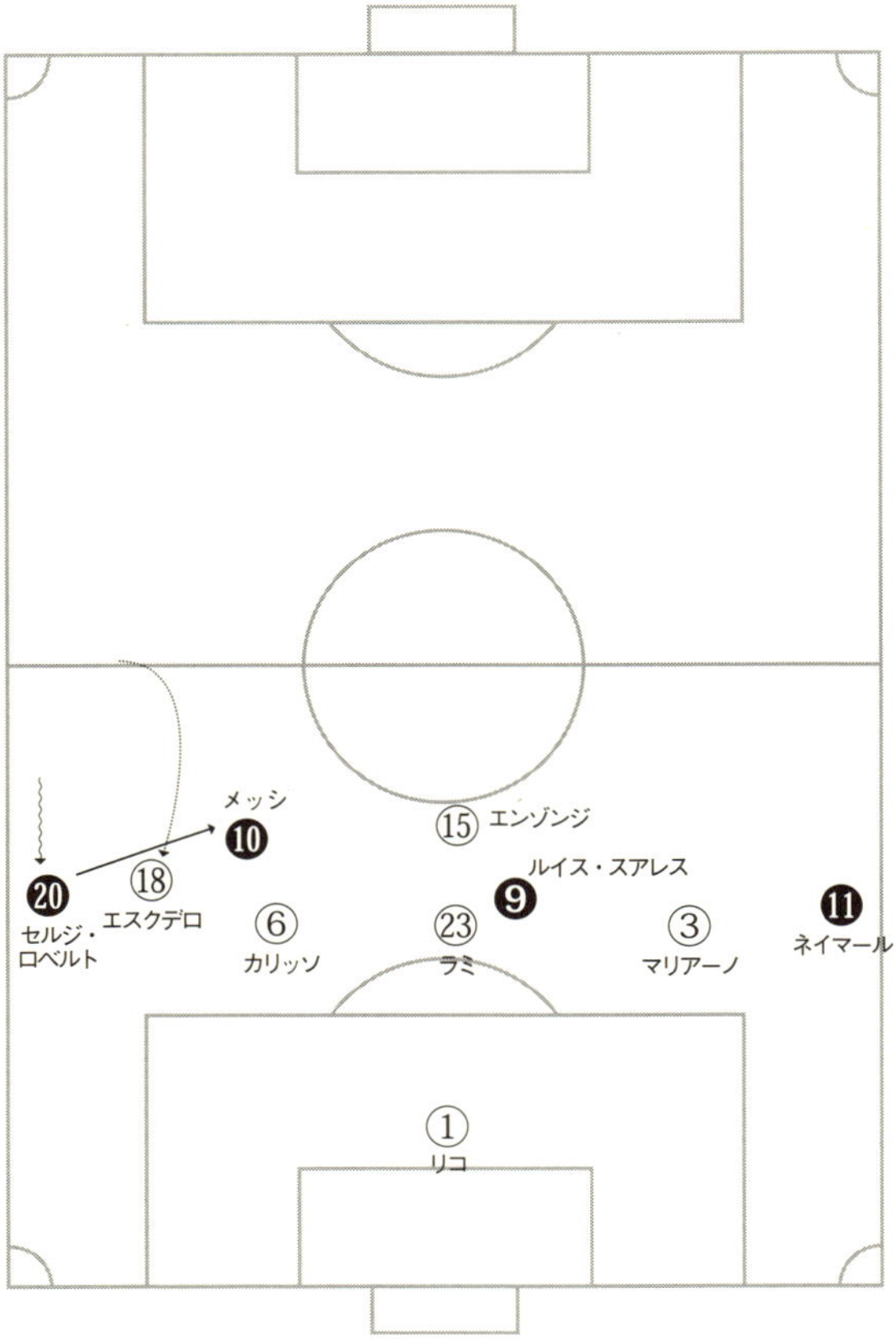

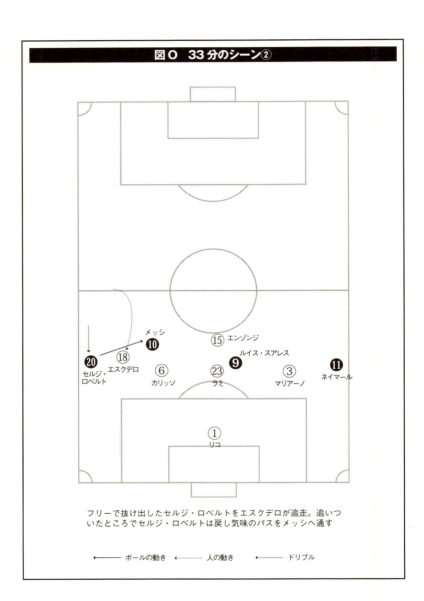

フリーで抜け出したセルジ・ロベルトをエスクデロが追走。追いついたところでセルジ・ロベルトは戻し気味のパスをメッシへ通す

←―― ボールの動き　←…… 人の動き　←〜〜 ドリブル

図P　33分のシーン③

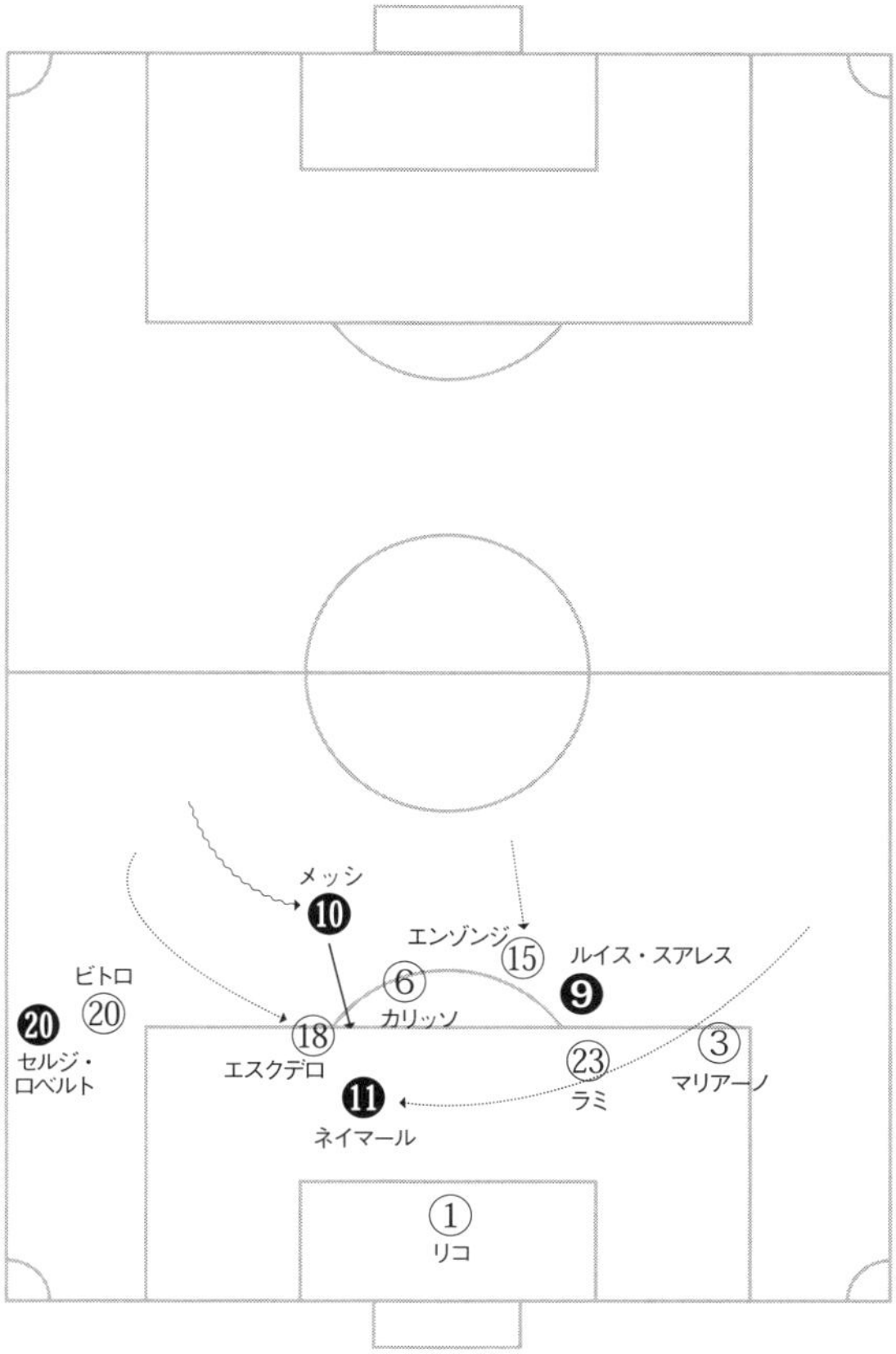

メッシが中央へカットインしながらスルーパス、逆サイドから斜めに走り抜けたネイマールへ渡る寸前に、中央へ絞り込んでいたエスクデロがカットする

←—— ボールの動き　←⋯⋯ 人の動き　←〰〰 ドリブル

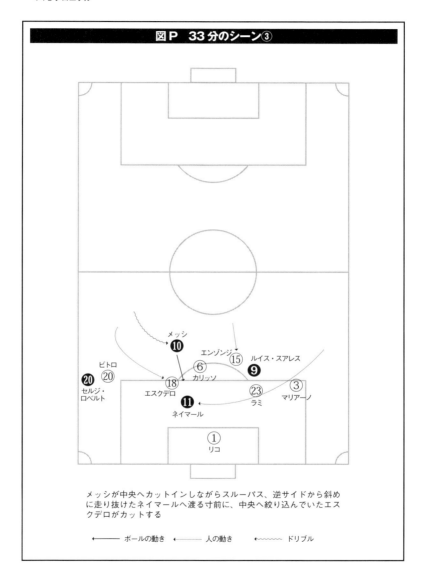

追いつく。カウンターアタックからの流れるような攻撃だった。

さらに後半に入った61分にバルセロナの逆転ゴール。カリッソがルイス・スアレス、デニス・スアレスに襲いかかられてボールを失い、メッシが一気にドリブルでペナルティーエリアまで運んだ後、右でフリーになったルイス・スアレスへつないでゴール。【図Q】

この時間になると、さすがに出足は少し鈍っていた。それでも双方とも激しい攻防を繰り返していたが、セビージャにとっては一瞬のミスが命取りになった。

前半はセビージャのゲームである。ボールポゼッションは54パーセント、チャンスの数もシュート数もバルセロナを上回っていた。しかし、90分間ではすべてが逆転されている。

最終的にセビージャのポゼッションは49パーセント、バルセロナ51パーセント。60分をすぎたあたりからバルセロナのボール支配率が上がり、90分トータルでわずかな差とはいえバルサが上回った。チャンスの数も5対8、シュートは15本で同じだが枠内は4対8。60分を境に双方の運動量が落ちていく中で、やはりバルセロナが優位性を示している。ハイテンポのうちはセビージャ、テンポが落ちてからはバルセロナのリズムだったわけだ。

ただ、セビージャにも決めるべきチャンスはあり、明暗を分けたのはメッシの存在と決定力だったともいえる。

図Q　61分　バルセロナの逆転ゴール

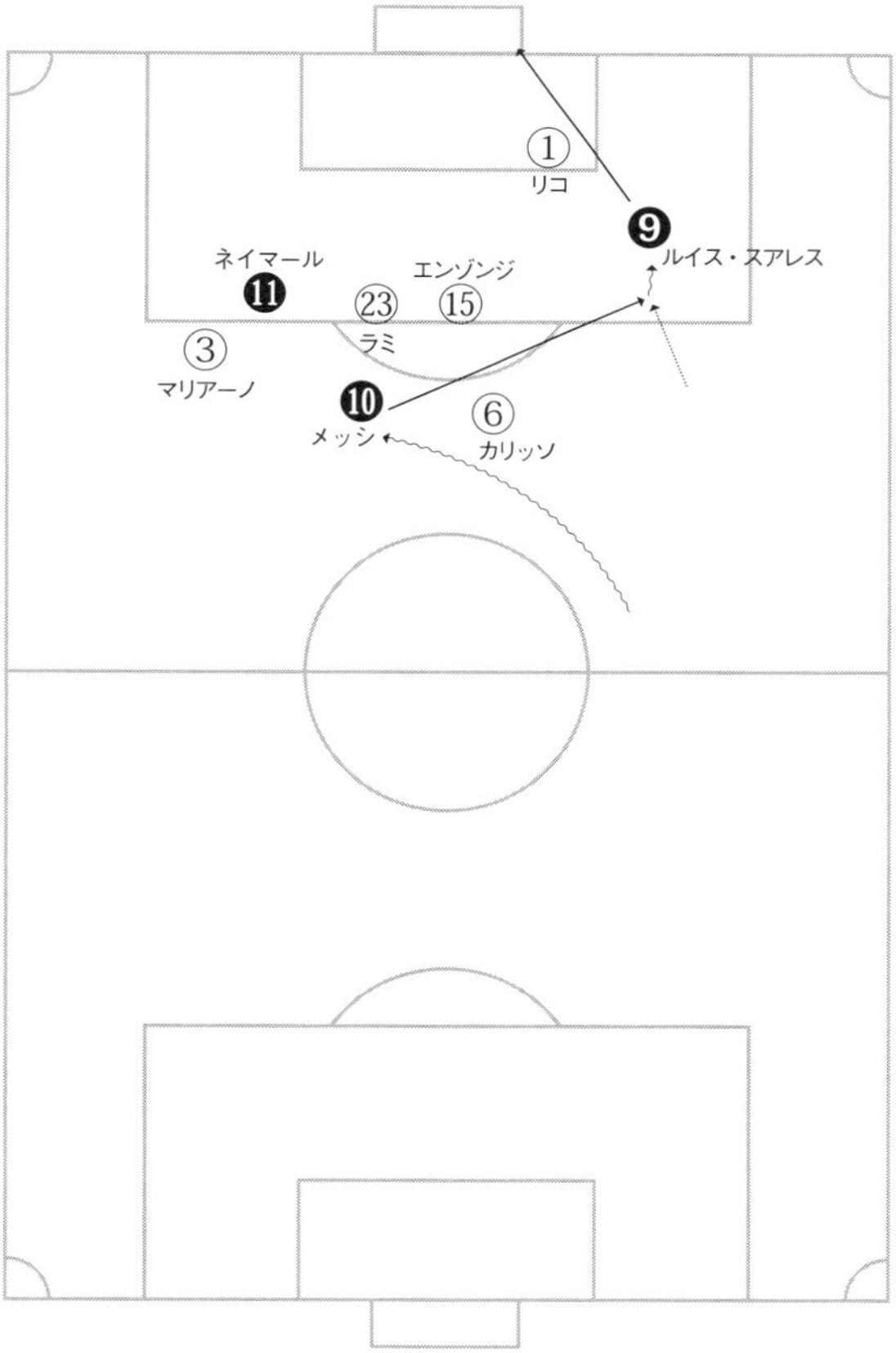

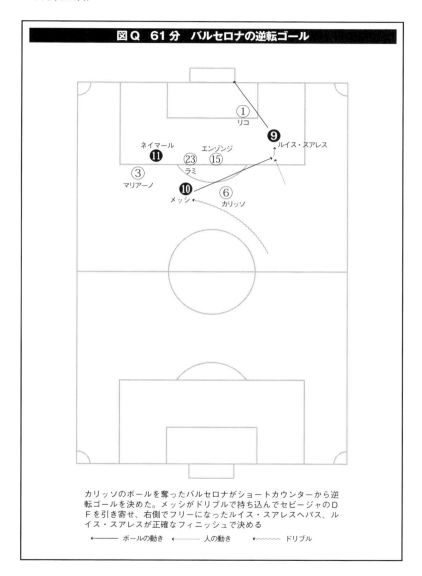

カリッソのボールを奪ったバルセロナがショートカウンターから逆転ゴールを決めた。メッシがドリブルで持ち込んでセビージャのDFを引き寄せ、右側でフリーになったルイス・スアレスへパス、ルイス・スアレスが正確なフィニッシュで決める

← ボールの動き　← 人の動き　← ドリブル

4-3-3（4-1-2-3）のはずのバルセロナは、かなりの時間を4-4-2など異なるフォーメーションでプレーしていた。セビージャのほうも4-2-3-1だった時間のほうが少ないかもしれない。フォーメーションはある、しかしそれは変形を前提としたものになった。ハイプレスvsプレス外しの攻防がメインとなるゲームにおいては、さらに変形の度合いは増す。

今回とりあげたセビージャのハイプレスのやり方も1つでなかったように、その場の状況に応じて複数のハメ込み方を手の内に入れている。そして何よりも、こうした行き来の激しい攻防で頻発するイレギュラーな状態への対応力が高い。

セビージャとバルセロナの対決は、ぎっしりと内容の濃い、退屈する間などない緊迫感のある攻防が続いていた。双方ともリスクを冒し、綱渡りの連続のようなスリリングなゲームである。この試合を実現するには、どちらにもリスクをぎりぎりで回避できる技術、戦術、体力、そして勇気が必要である。そうした試合が増加傾向にあるのは、16-17シーズンの大きな収穫といえるだろう。

Chapter 3

EURO2016にみる4-4-2のトレンド

ポルトガル　南米のように

ユーロ2016で優勝したポルトガルは4－4－2と4－3－3の2つのフォーメーションを使い分けていた。4－4－2のほうは中盤をダイヤモンド型に組んだ形である。

ポルトガルはオランダと並ぶウイングプレーヤーの宝庫なので3トップのイメージが強いが、菱形MFの4－4－2もある。ジョゼ・モウリーニョ監督下でCL優勝したときのFCポルトが菱形4－4－2を使っていた。ベンフィカもよくこの形を使っていて、ポルトガルでは馴染みのあるフォーメーションなのだ。

ところが、同じ4－4－2でもユーロのポルトガルはグループステージとノックアウトステージでは全く違う戦い方をしていた。当初は高いボールポゼッションを軸にした攻撃的なプレースタイルだったが、途中から人選を代えて守備的なスタイルに変化しているのだ。

開催国フランスを破った決勝では、まるで南米のチームのようなプレーぶりだった。南米といってもブラジルやアルゼンチンの代表チームではなく、かつてトヨタカップで来日してヨーロッパ王者に勝利、あるいは互角の戦いをみせたリベルタドーレス杯王者のようなスタイルである。

日本への情報量が圧倒的なヨーロッパ勢に比べると、南米勢はチームも選手もほとんど知られていなかった。ところが、いざ対戦してみると〝無名〟の南米クラブはのらりくらりとヨーロッパの攻勢をかわしながら、したたかな試合運びと鋭いカウンターアタックで対抗していた。今回のポルトガルも、対戦相手の勢いを吸収するような戦いぶりが印象的だった。ポルトガルはブラジルとの関係が深く、ブラジル人選手は外国人枠にカウントされていない。プレースタイルにもブラジルの影響が表れている。

とにかくプレーのテンポを上げない。基本的にパスは足下から足下、FWも引いて受ける傾向があるので中盤は渋滞を起こしがちなのだが、行き詰まりかけてもボールを失わない。技術の高さはもともとヨーロッパでも屈指、守備的なスタイルにしてからは自陣でも失わないプレス回避能力の高さがスローテンポの維持に寄与していた。

深く引いて守る以上、ボール奪取地点も自陣深くなりがちだ。ポゼッション型の相手は、そこでハイプレスをかけて早期のボール奪回を狙う。ポゼッション→ハイプレスの循環でリズムを作ろうとする。しかし、ポルトガルは相手のプレッシングをかわし、あるいはファウルをもらい、いったんは押し返すことができた。サンドバッグ状態に陥らず、試合のテンポも下げた。

ゲームのテンポが上がらないので、どちらもスペースを空けることのない、得点の入りにくい展開になるのだが、ポルトガルはそれでいっこうに平気。むしろ最初から膠着状態を望んでいて、試合を殺すつもりなのだ。ひたすら時間を浪費させて0－0の状態を長引かせる。1点勝負なら何が起こるかわからない。

個々のテクニックは高く、パスワークも上手いポルトガルは本来攻撃型のチームである。しかし、その特徴を持ちながら守備的なプレーをしたときには南米勢のしたたかさが香るヨーロッパでは珍しいタイプのチームになっていた。

当初、ポルトガルは攻撃的なポゼッション型のスタイルでスタートしている。【図21】緒戦のアイスランド戦の菱形MFはアンカーにダニーロ、右にアンドレ・ゴメス、左にジョアン・マリオ、トップ下がジョアン・モウチーニョだった。両SB（ヴィエイリーニャ、ラファエル・ゲレイロ）は高い位置へ上がって幅をとる。実質的な中盤の構成は2人のSB、モウチーニョ、アンドレ・ゴメス、ジョアン・マリオの計5人。アンカーのダニーロは2CBの前に居残って後方部隊を形成していた。

中盤エリアには2トップ（ロナウド、ナニ）のどちらかが引いてきたり、ダニーロが少し上がってパスワークをサポートする。中盤に多くの人数を投入し、一時的にでもフリーマンを作

図21　ポルトガル（EURO2016）①

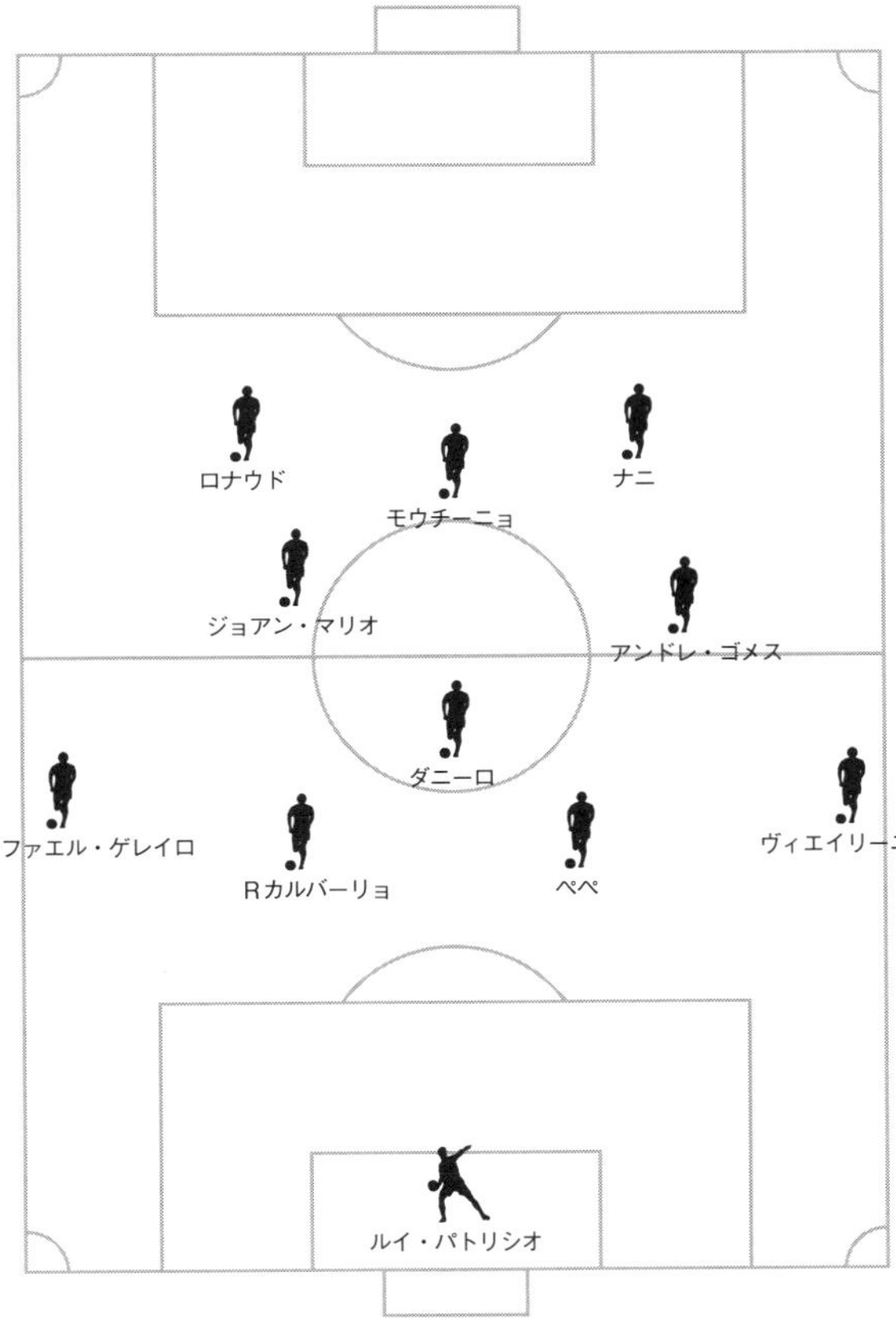

中盤を菱形にした４－４－２が基本形だが、攻守で変化する

ボールの動き　人の動き　ドリブル

ってボールを支配する手法は他のポゼッション型チームと同じだ。ただ、バランスは若干違っている。【図22】

ポルトガルの場合、トップ下（モウチーニョ）は前線近くでプレーするのではなく、アンカーに近づいてパスワークの中心となる。相手DFとMFの中間で「間受け」をするのは、むしろアンドレ・ゴメスやジョアン・マリオ。モウチーニョの役割はスペインにおけるイニエスタやセスク、ドイツのクロースと同じく組み立ての軸だった。

他のポゼッション型が軒並み強靱な1トップを起用する中、ポルトガルだけが2トップだった。今大会で長身頑健な1トップが主流となったのは、ポゼッション側の優位性がかつてより減少したからだ。堅守速攻側が「ニアゾーン」と「間受け」というゾーンディフェンスの2大弱点をかなり克服できたことで、パスワークだけで崩しきるのは難しくなり、高さやセカンドボールを狙ったアプローチが必要だった。では、なぜポルトガルは2トップだったのか。

ボックス内での高さ、強さでナンバーワンのFWがロナウドだからだ。ロナウドは空中戦の高さで図抜けたFWだが、フランスのジルーやドイツのマリオ・ゴメスのようなタイプではない。もっと多彩でスピードもテクニックもある。ロナウドを空中戦とライン牽制だけに使うのはもったいなさすぎる。そこで同じタイプのナニと組ませて、どちらかがトップに張れば、も

図22　ポルトガル（EURO2016）②

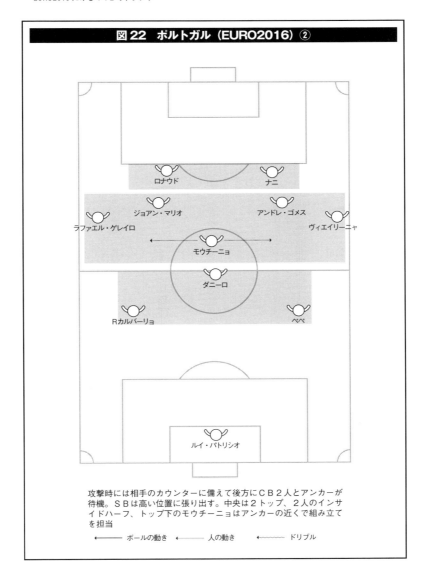

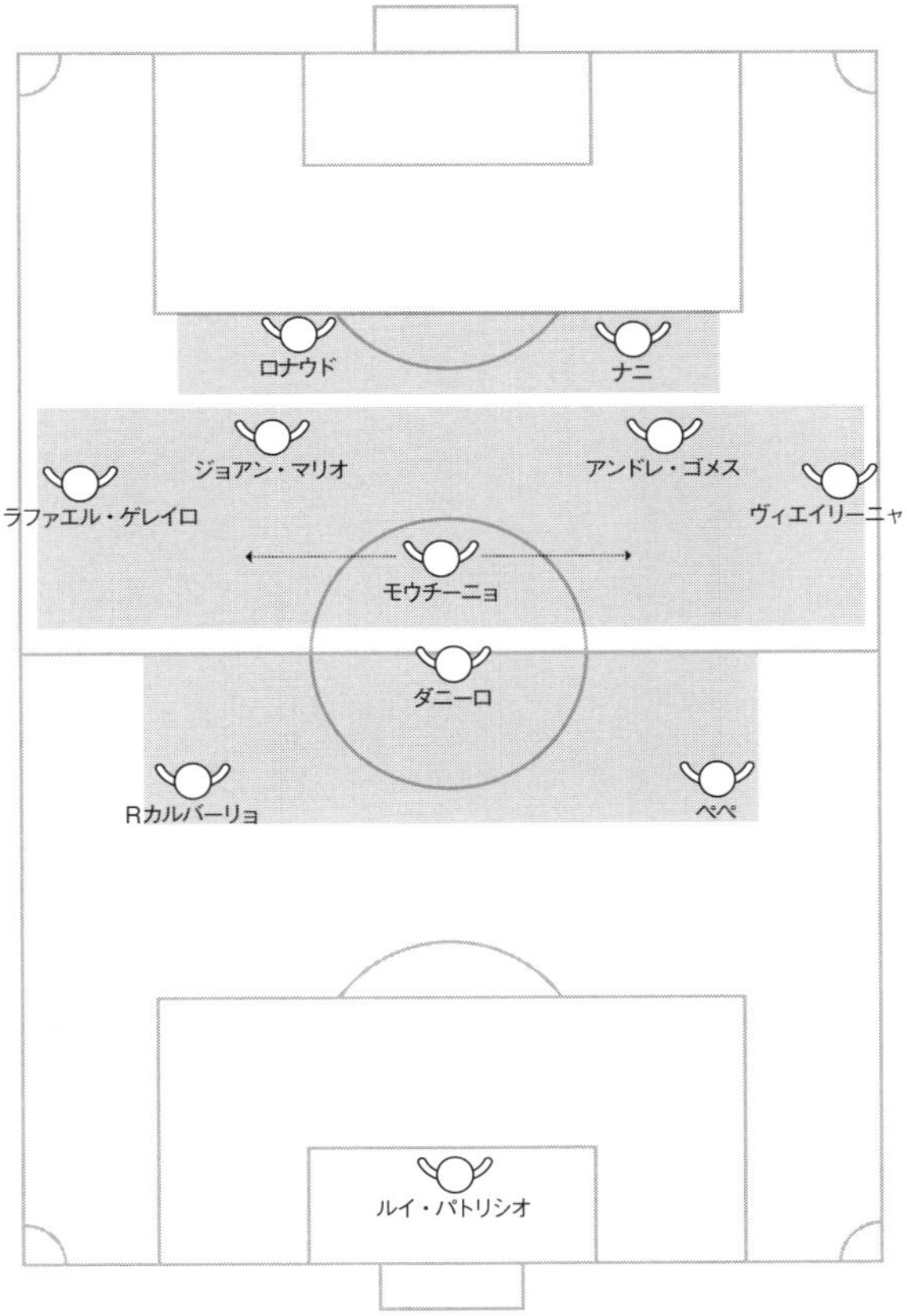

攻撃時には相手のカウンターに備えて後方にＣＢ２人とアンカーが待機。ＳＢは高い位置に張り出す。中央は２トップ、２人のインサイドハーフ、トップ下のモウチーニョはアンカーの近くで組み立てを担当

ボールの動き　人の動き　ドリブル

う一方は自由に動いてドリブル突破や間受けを狙う組み合わせにしたわけだ。

しかし、グループステージでのポルトガルはボールを支配して攻め込んでも、なかなか得点をとれなかった。クアレスマを起用した4-3-3も試したものの、やはり大きな進展はなし。グループステージは3引き分けの3位、ワイルドカードでのベスト16進出だった。

ノックアウトステージでは同じ4-4-2でも人選が変化している。司令塔のモウチーニョを外し、攻守のダイナモだったアンドレ・ゴメスも起用せず。トップ下に起用されたアドリアン・シルバは司令塔役ではなく、クロアチアの司令塔であるモドリッチのマーク役として登場した。技巧とコンタクトプレーの強さを兼ね備えた若手のレナト・サンチェスが抜擢され、DF陣も守備のテコ入れが行われた。ボールを支配して押し込むのではなく、引いて守れる強さのある人選に変更したわけだ。【図23】

ベンチにはモウチーニョ、アンドレ・ゴメス、クアレスマ、エデルが控えているので、いざとなれば攻撃力は増強できる。効率の悪いポゼッション型から、堅守速攻型に戦術を変え、試合を膠着させたほうが勝機ありと判断したのはフェルナンド・サントス監督の英断といえるだろう。

ユーロ2016は、歴史的にも波乱の多いこの大会に相応しく、いくつものサプライズが起

図23　ポルトガル（EURO2016）③

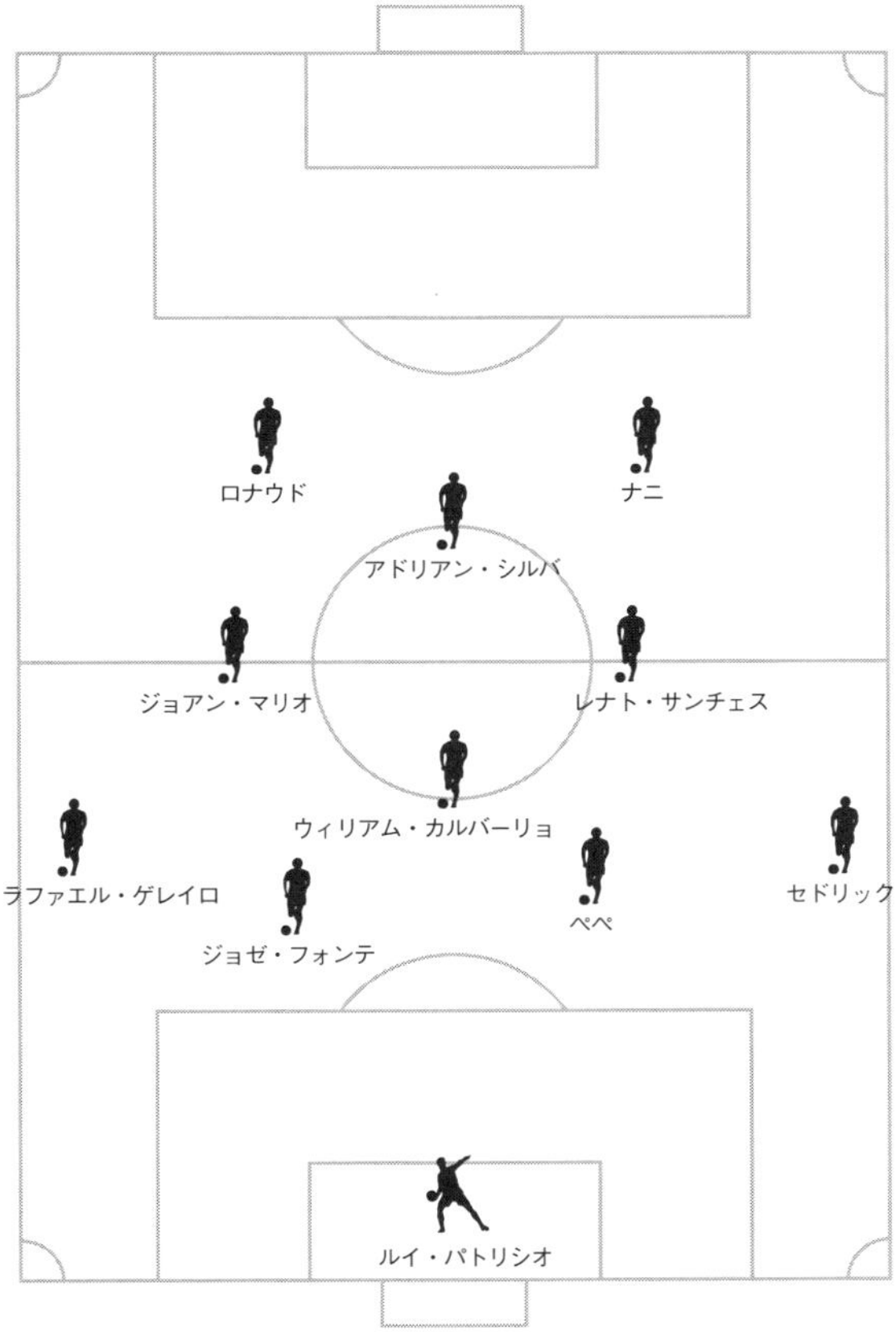

グループリーグを突破したポルトガルは守備型の４－４－２にシフト。守備に強い人選に変えている

ボールの動き　人の動き　ドリブル

こっていた。その中でも、ポルトガル優勝は最大の驚きだったかもしれない。２００４年大会でのギリシャ優勝、１９９２年大会におけるデンマーク優勝に匹敵する番狂わせといっていいだろう。ある意味、ユーロらしい勝者でもある。

実力差の少ないこの大会は、前評判どおりになりにくい。とくに今回は守備力の整備が進んでポゼッション型チームの優位性が減少していた。僅差勝負が基本線になる中、ポルトガルはその流れを読んで大会中に方針転換を行って決勝へたどり着いた。「ゲームの殺し方」の上手さで栄冠を勝ちとった。

イタリア　カテナチオだったか？

事実上の決勝戦といわれた準々決勝のドイツ戦にＰＫ戦で敗れたイタリアは、3-5-2のフォーメーションだ。つまり4-4-2ではないわけだが、4-4-2の発展形ないしは変形なので取り上げてみたい。【図24】

今大会のイタリアはアントニオ・コンテ監督がかつて率いてきたユベントスと同じシステムを用いていた。

図24 イタリア（EURO2016）

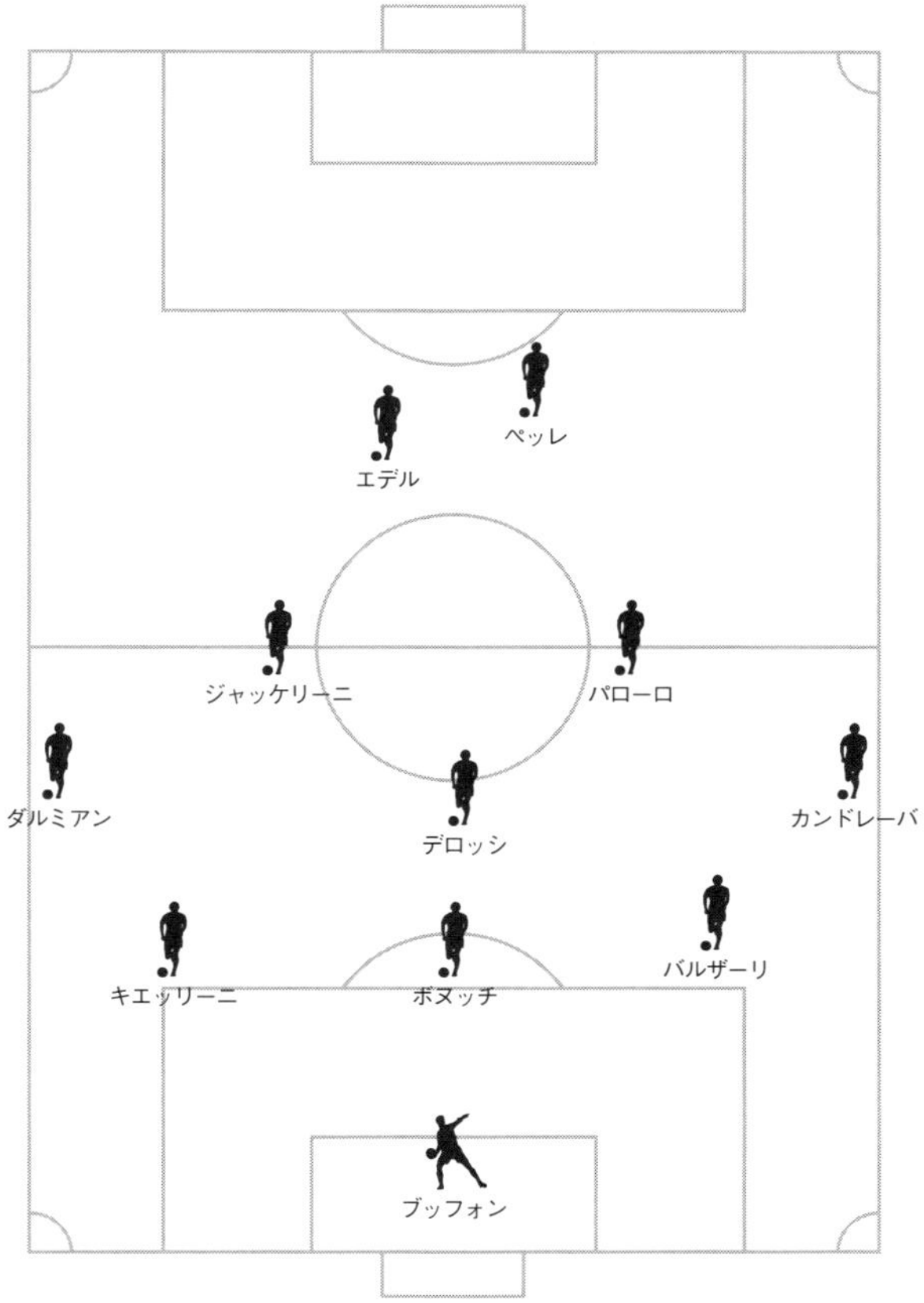

ユベントスの戦術を採り入れた３－５－２。３バックはゾーンで、ＧＫブッフォンも含めた４人はすべてユベントスの選手で連係は出来上がっている。後方のパス回しから縦パスを入れて全体を一気に押し上げていく

←―― ボールの動き　←…… 人の動き　←〜〜 ドリブル

守備のときには5-3-2、攻撃ではウイングバックが上がって3-3-4のように変化する。縦の大きな動きで攻守の組織を変化させるのは、ユベントス時代から得意としている。コンテ監督は「ただのカテナチオではない」と言っていた。ただ守っているだけではないと言いたいのだろうが、皮肉を込めて評すれば、ただのカテナチオでなく「真のカテナチオ」ないし「カテナチオの進化形」だった。

コンテ・ユーベ方式は、60年代に隆盛を極めたインテルやミランのカテナチオと同じではない。60年代はマンツーマン+リベロだったのに対して、コンテ監督のほうは90年代以降のゾーン式4-4-2をベースにしている。しかし、守備に万全を期しての堅守速攻という思考はカテナチオそのもの。できるだけ多く得点するのではなく、できるだけ少なく失点する（できれば無失点）ことを目指しているわけだ。

5-3-2で守る形は、4-4-2の弱点である「ニアゾーン」「間受け」を消している。ペナルティーエリア幅を4人ないし5人（ときには6人）でカバーするため、SBとCBの間に広がりやすいニアゾーンが非常に狭くほぼ存在しない。間受けに対しては、3人のCBのうち1人が前に出て潰す。ユベントスの3CBはこれのスペシャリストである。

ちなみにゾーンの4-4-2でフランスに大敗したアイスランドは、間受け+ニアゾーンのダ

ブルパンチを食らってジルーの先制点を許している。【図25】

パイェの間受けに対してCBが前進して対応→パイェはワンタッチで下げる→前進したCBがラインに戻るがライン不揃い→CBの間にポジションをとったジルーが斜めに動いてニアゾーンを攻略、という流れだった。イタリアの5バックならこうはなりにくい。間受けに対してCBの1人が対応しても、すぐにラインへ戻る必要がない。すでに人数は足りているからだ。ラインが不安定になる要素は少ないしニアゾーンも空かない。

攻撃は2トップへのクサビがほぼすべて。その起点は守備時の5バックである。今大会のイタリアのポゼッションが高いのは、攻撃的なプレーをしているのではなく、縦パスの起点が5バックだからだ。後方で縦入れのタイミングをうかがうためのパス回しをするので、ポゼッションが上がっているにすぎない。

CBから直接2トップへ。それがダメならウイングバックを上げて空いたスペースにエマヌエレ・ジャッケリーニが引いてきて、そこからトップへ。左へ下がるジャッケリーニは、CBからのパスを半身の状態のまま右足で引っかけるようにワンタッチでフィードする得意技がある。いずれにしても中盤を経由せず、後方からトップへ打ち込む形をパターン化していた。【図26】

図25　間受け＋ニアゾーン攻略

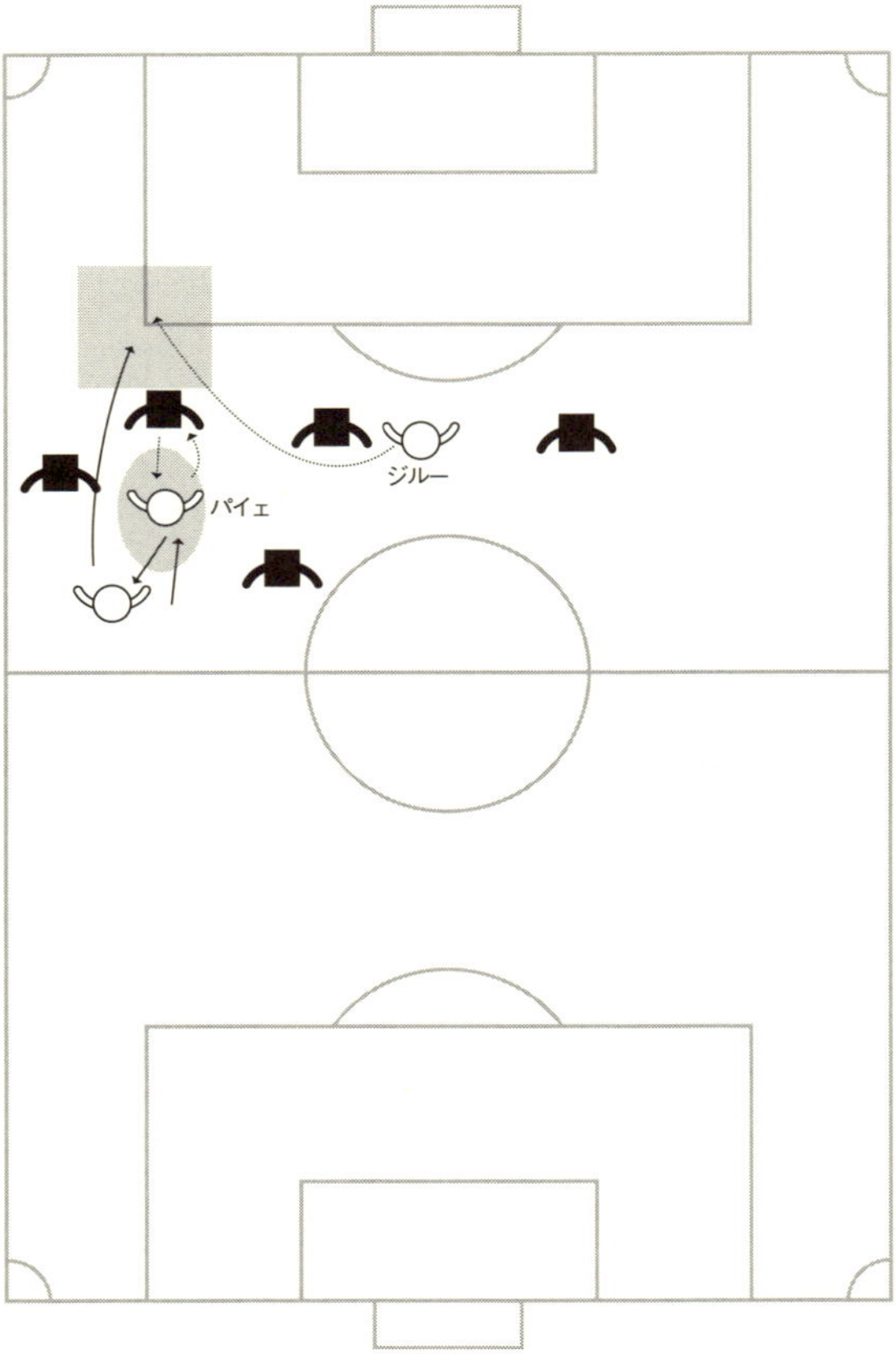

フランス戦でのアイスランドの失点シーン。パイェの間受けにＣＢが釣られ、パイェがボールを戻したのでＣＢはラインへ下がるが、この上下動でラインが揃わず。その隙をジルーにつかれて裏へ走り込まれてそのまま失点した。イタリアでは起こりにくい失点

←―― ボールの動き　←…… 人の動き　←〰〰 ドリブル

図 26　後方からトップに打ち込む形

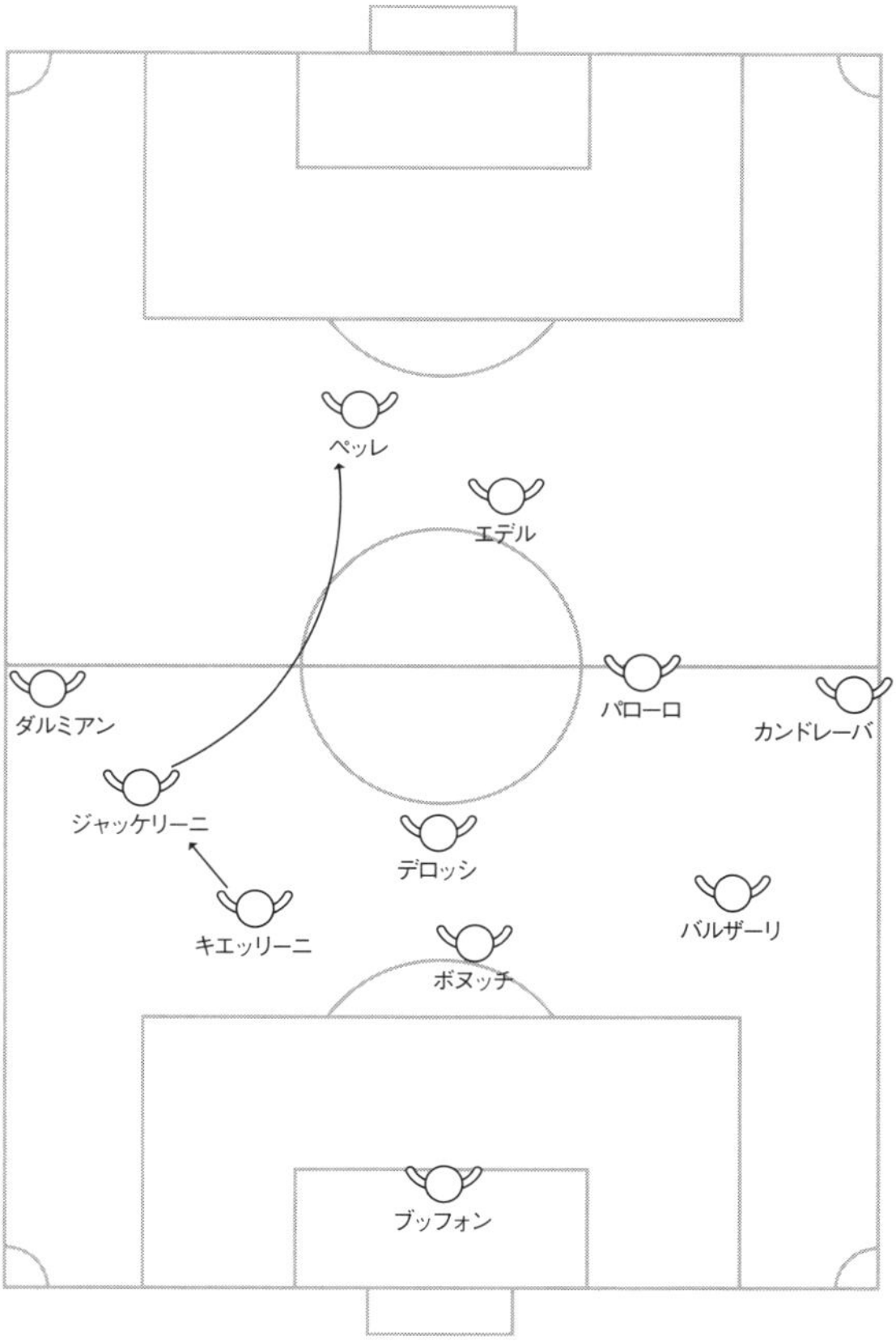

ジャッケリーニが左ウイングバックと左ＣＢの間へ引いてパスを受け、そこから前線のペッレへ長いクサビを入れる。後方のボールキープからトップへの長い縦パスを入れて攻撃のスイッチを入れるのがイタリアの攻撃パターンだった

ボールの動き　人の動き　ドリブル

ドイツの対応

ドイツはフォーメーションを変えて3バックでイタリア戦に臨んでいる。イタリアの2トップに対して3バックを用意し、決め打ち気味に入ってくる縦パスに備えたところは、無防備の2バックで対応したスペインとの違いである。

3CBに対しては右からミュラー、マリオ・ゴメス、エジルの3人が対応。他のポジションも〝ほぼ〟マンツーマン気味にマッチアップするように配置した。引いて縦パスを繰り出すジャッケリーニに対してはケディラ（交代後はシュバインシュタイガー）がピッタリとついて離さない。ただ、このマッチアップではイタリアのMF中央のパローロに対応する選手を置いていない。ここが〝ほぼ〟の部分である。【図27】

中盤左のクロースはストゥラーロ（右インサイドハーフ）よりも、むしろパローロへ対応していた。3CBからパローロへのパスはマリオ・ゴメスが遮断しているが、パスが入りそうなときはクロースが捕まえている。フリーになるストゥラーロには3バックの左を担当するフンメルスがマークした。ストゥラーロは前進しても、ジャッケリーニのように引いて縦パスの起

図 27　ドイツの対応

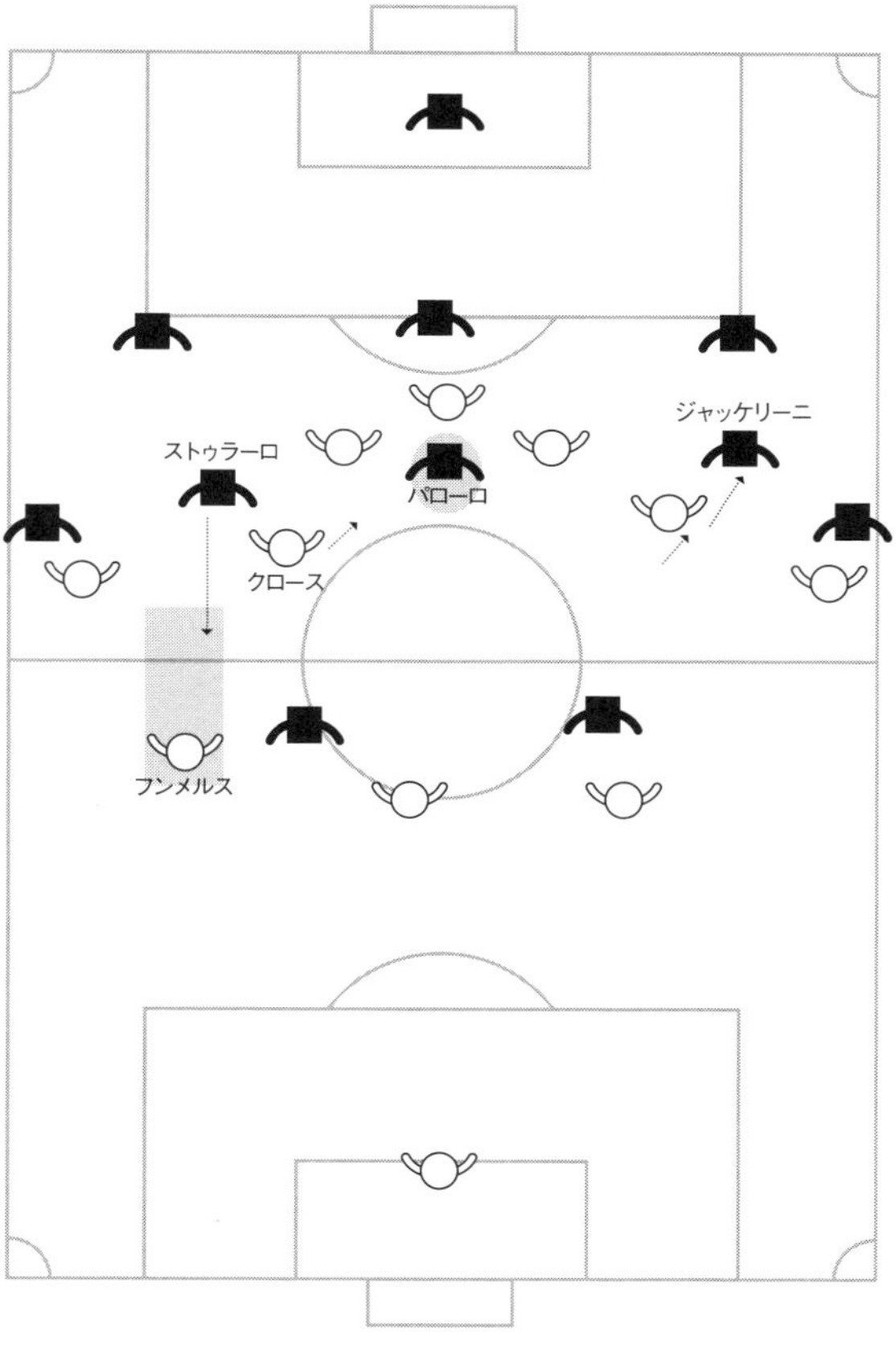

パローロ以外はマンツーマンのマッチアップ。ＤＦはイタリアの２トップに対して１人余る形で対処。フリーにしているパローロにパスが入ったときには適宜にクロースが対応。クロースが離したストゥラーロはフンメルスが受け取る形になっている

ボールの動き　人の動き　ドリブル

点になるプレーをしない。前進してきたところでフンメルスが捕まえればいいという判断だろう。ジャッケリーニについても縦へ走り込んだときは受け渡しているので、左右で守り方を変えたというより、引いたときはマークし、DFのゾーンに前進してきたら受け渡すという原則なのだと思う。

イタリアの唯一の攻め手といっていい2トップへの打ち込みに3バックで対応し、しかもパスの出所まで潰したドイツの準備は万全といえる。ただ、DF増員のためにドラクスラーを先発で使えず攻撃力は多少落ちている。しかし、通常どおりに攻撃してイタリアにカウンターのチャンスを与えるよりも、攻撃力は少し落ちるがイタリアのチャンスをゼロに近づけてしまったほうが勝ちやすいと考えたのだろう。ノックアウト方式に強いドイツらしい手堅さである。

コンテ・イタリアの弱点は攻め手の少なさにあった。5-3-2か4-4-2かを問わず、堅守速攻スタイルにある程度共通する弱点ともいえる。守備にリソースをかけすぎているのだ。引いた状態からのカウンターは攻め手が限られる。今大会はグラツィアーノ・ペッレという強力なターゲットマンを生かすためにクサビの長いパスをパターン化し、その研ぎ澄まされた形から効果的な攻撃を生み出した。しかし一方で、パターン化して有効であるがゆえに他の攻め手がほとんどなく、ドイツのように対応されてしまうと他に打つ手がない。

後方でのポゼッションはできるので、それを中盤へ移行させて押し込んでしまえば攻撃のバリエーションは増えそうに思えるが、そもそも守備用の人材を揃えてしまっているのでそれが得意ではない。さらに5-3-2の「3」は4人と比べると守備時に両脇が空いてしまう。そこを3人の運動量によるスライドでカバーしているから走行距離が尋常ではない。これでクリエイティブなプレーまで求めるのは酷というものだろう。

コンテ監督がユベントス時代に重用していたアンドレア・ピルロがいないのは痛手だった。とくにドイツがアンカーへのマッチアップを曖昧にしていただけに、そこにピルロがいれば（せめてデロッシが、あるいはチアゴ・モッタやヴェラッティが使えていれば）イタリアの攻撃はもっと変化をつけられたかもしれない。

超人GKブッフォン、ユベントスの鉄壁CB、常軌を逸した運動量をこなしたMF、強力なターゲットマンとセカンドトップを擁するイタリアだったが、伝統芸の1-0を完遂することはできなかった。

ドイツ戦は延長の末に1-1、PK戦による決着だったのでイタリアにとっては不運だったともいえる。しかし、試合の流れはドイツにあった。少なくとも戦術的にイタリアは詰んでいた。堅守速攻の「速攻」を奪いとられ、「堅守」だけになっていた。CL決勝におけるアトレティコ・マドリーと同じ壁に当たっている。ポゼッションして攻撃する側は、攻撃力を下げてもなお自分たちのスタイルで戦うことができるが、堅守速攻が堅守だけになれば勝利は難しくなる。2016年夏につきつけられた、堅守速攻型への大きな課題である。

フランス　標準型の4-3-3と4-2-3-1

ユーロ2016の開催国フランスはポルトガルに延長の末に敗れはしたが、準優勝はまずまずの結果といっていいだろう。ブラジルW杯はベスト8、ドイツに0-1で敗れていた。今回は準決勝でドイツに勝って2年前のリベンジを果たしている。

開幕のルーマニア戦では4-3-3でスタート、途中から4-2-3-1に変えた。その後も4-3-3と4-2-3-1の両方を使いながら、最終的にはオリビエ・ジルーとアントワーヌ・グリーズマンの「縦の2トップ」（4-2-3-1）に落ち着いた。

フランスは戦術的には標準型というか、特筆すべきものがない、極めて「普通」な印象である。

GKはヨーロッパでもトップクラスのウーゴ・ロリス、4バックはバカリ・サニャ、アディル・ラミ、ローラン・コシェルニー、パトリス・エブラ。終盤にはサミュエル・ウンティティが左CBとして活躍している。

中盤の構成は4―3―3の場合、エンゴロ・カンテがアンカー、右にポール・ポグバ、左がブレーズ・マテュイディ。4―2―3―1では、ポグバとマテュイディが2ボランチとなってトップ下にディミトリ・パイェかグリーズマン。

どちらのフォーメーションでも中央のFWはオリビエ・ジルーで、4―3―3では右にグリーズマン、左にパイェが基本。4―2―3―1なら、パイェが左サイドで右にキングスレイ・コマン、ムサ・シソコ。

CBのラファエル・ヴァランが負傷欠場、FWのカリム・ベンゼマはチームメイトへの恐喝疑惑があって招集されなかった。攻守のエース格を欠いた格好だが、層の厚さでカバーできていた。

ユーロに限った話ではないが、ボールを保持して押し込むチームと、自陣に引いてブロックを組んで守りながらカウンターを狙うチームが対峙するのが近年の試合の形である。いわばポゼッション型と堅守速攻型の対決という構図がほとんどだった。

ポゼッション型は、フランス、イングランド、ドイツ、スペイン。グループステージの段階ではポルトガルとベルギーもポゼッション型だったが、大会途中で堅守速攻型に変わっている。

ベルギーはもともと前線のタレントが豊富、スペースを持てば1対1での質的優位を発揮できるので、本来はカウンターアタックが得意なチームなのだが、なぜかポゼッション型の試合を選択して、引いた相手を崩せずに苦労していた。途中でカウンター型に変えてから持ち味が出るようになった。クロアチアについては、相手によって戦い方を変えていたが本来はポゼッション型のようだ。

ポゼッション型の共通点は、中盤への人数投入。相手のカウンターに備えて後方に待機する人数は2人か3人、そして最前線のFWはほとんど1人、残りの6、7人は中盤に投入されている。SBは高い位置まで上がって幅を作り、サイド攻撃とともにパスワークの預けどころとして機能した。DFというより、プレー内容はMFである。相手のディフェンスラインへの牽制を行うのは1トップの役割になる。SBで幅をとり、1トップで深さを作る。その間にいる4~5人は、主に「間受け」を担当する選手と、前向きにプレーしてパスを捌くプレーメーカーに分かれていた。

4–3–3の場合は、ウイングが間受け担当、インサイドハーフがプレーメーカー。4–2–3–1の場合は、サイドハーフとトップ下が間受け、2ボランチがプレーメーカーという分担である。【図28、29】

フランスで間受けができるのはパイエ、グリーズマン、ポグバの3人。特徴はそれぞれ違うが、プレッシャーの下でボールを失わない技術的な信頼性が高いのはこの3人である。組み立て役はマテュイディ、ポグバの2人。カンテは守備力抜群だが、プレーメーカーの役割にはやや難があった。

フランスがポゼッション型のゲームを指向する以上、どこで起用するかは別にしてパイェとグリーズマンは必要で、ポグバとマテュイディも外せない。あとは、突破力のあるウイング（コマン）、セカンドストライカー（アントニ・マルシャル、アンドレ＝ピエール・ジニャック）を局面に応じて起用するという選択肢になっていた。

フランスがポゼッション型のゲームを遂行するうえで、やや弱いのがSBとプレーメーカーだ。サニャとエブラはSBとしての攻撃力は十分だが、ポゼッションゲームで求められるサイドハーフとしての攻撃力が図抜けているわけではない。また、ボールの集配を行う役割においてマテュイディも平凡の域を出ない。当初、4-2-3-1の2ボランチにはマテュイディとカンテのコンビが起用されたが、守備は計算できるかわりに攻撃面でのインパクトは弱かった。

そのかわり、マテュイディ、カンテ、ポグバの黒人MFは球際に強く、ボール奪取能力が高い。これは90年代以降のフランスが持っているアドバンテージでもある。結局のところ、攻撃

図 28　フランスの 4-3-3（EURO2016）

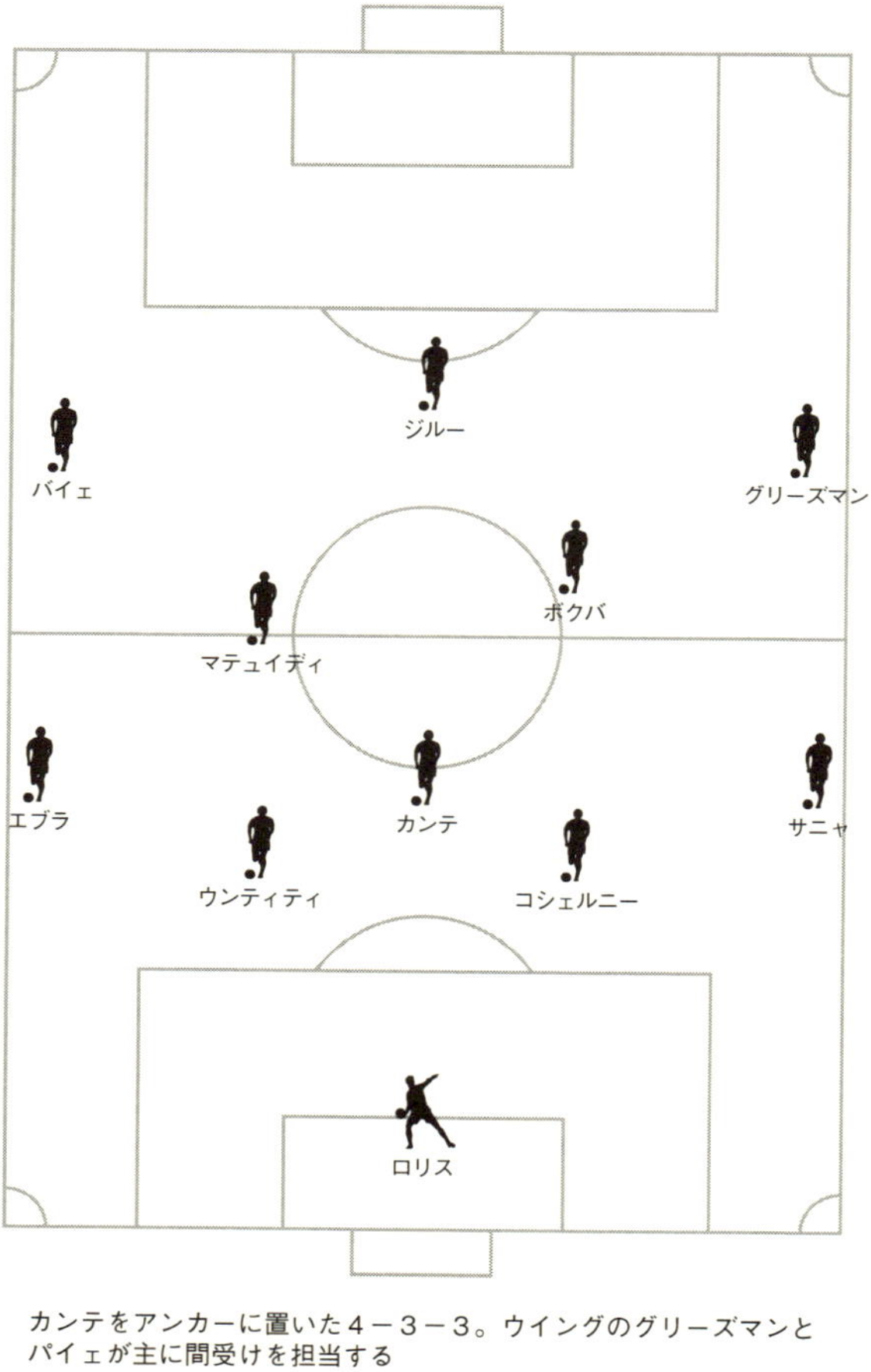

カンテをアンカーに置いた4－3－3。ウイングのグリーズマンとパイェが主に間受けを担当する

図 29　フランスの 4-2-3-1（EURO2016）

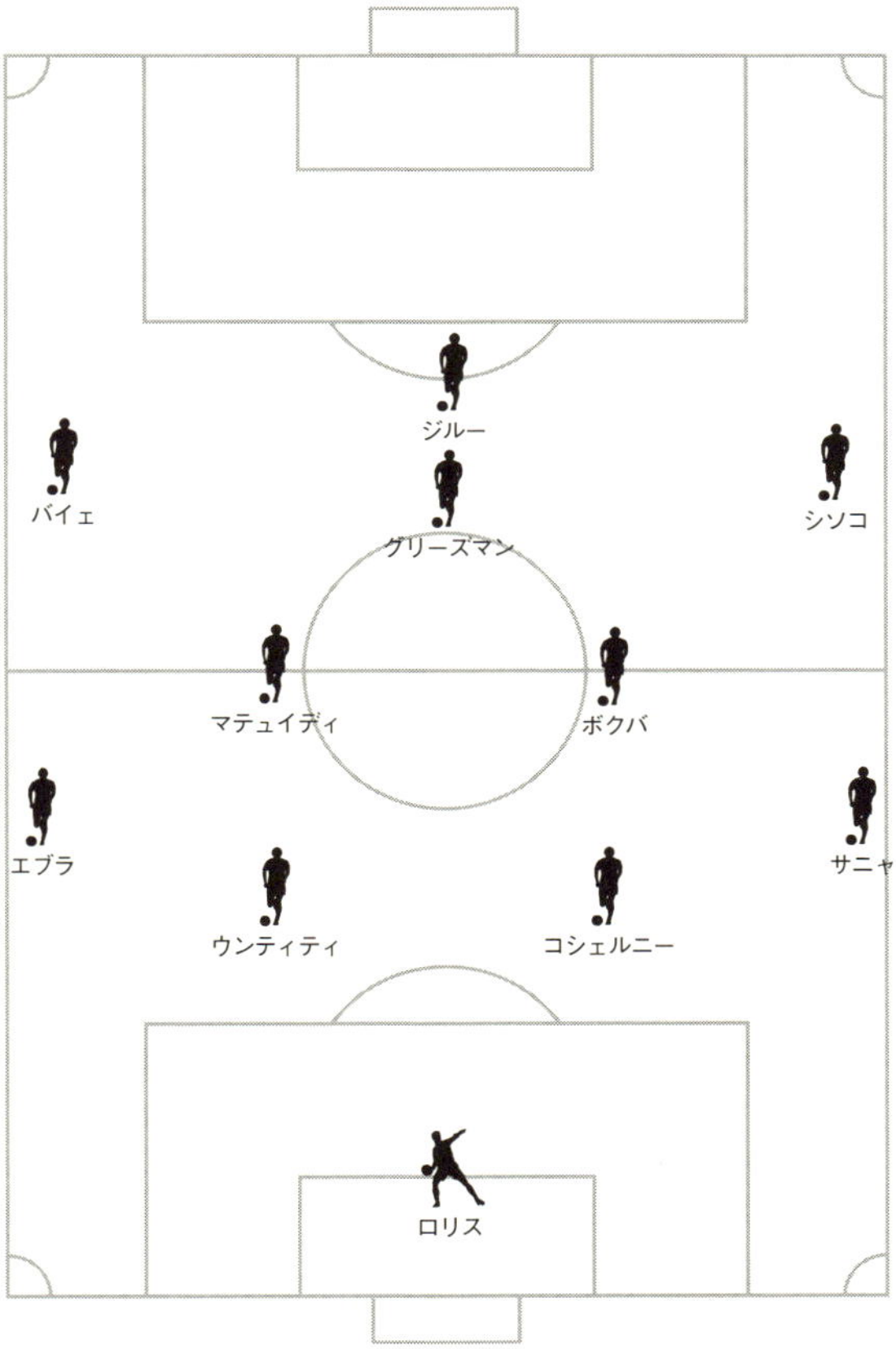

カンテを外した４－２－３－１。間受けはシソコ、グリーズマン、パイェが担当。グリーズマンとジルーの縦の２トップによる４－４－２とみることもできる

のアイデアと精度をパイェに依存するしかなく、どちらかといえば実は堅守速攻向きのメンバーなのだ。ところが、1トップがジルーでは速攻にならない。ジルーは空中戦や競り合いの強さが抜群のストライカーだが、長い距離を走りきるタイプではなく、あくまでもボックス周辺で生きる。コマンとマルシアルを両翼に置けばカウンターはできるが、そうするとパイェかグリーズマンのどちらかは使えない。最終的に守備力は少し弱くなるがカンテを外し、組み立てに欠かせないポグバとマテュイディの2ボランチに落ち着いた。間受けに不可欠なグリーズマンはトップ下に置いて、カウンターも出せるように、パイェは左サイドを起点に中へ入っていく形である。

最後のピースは右サイドハーフ。準決勝からシソコがこのポジションを奪った。シソコはコマンよりも運動量とパワーがあり守備でも計算が立つ。ドイツに競り勝てたのは、シソコのダイナミックな攻守に渡る貢献が大きかった。ファイナルへ進んだフランスは攻守にバランスのとれた隙のないチームに仕上がっている。ただ、そのバランスの良さゆえにポルトガルを圧倒しきるには至らなかったともいえる。

Chapter 4

日本代表と4-4-2

石井義信監督　2トップの採用

長年Jリーグで指揮を執っているネルシーニョ監督にインタビューしたときに、こう話していたのを覚えている。

「Jリーグは多くのチームが4－4－2でプレーしてきたので馴染みも深い。代表も4－4－2でいいのではないか」

当時の代表は4－2－3－1だったと記憶している。4－2－3－1は4－4－2と同系統のシステムなので、ネルシーニョは4－4－2に変えろと言ったのではなく、べつに今のままでいいんじゃないかぐらいのニュアンスの回答だったと思う。ところが、4－4－2そのものは、日本代表ではあまり使われていない。フラット型の4－4－2となるとファルカン監督と加茂監督の初期ぐらいしかないのだ。

日本代表に2トップが導入されたのは、石井義信監督の1987年からだった。それ以前は4－3－3の3トップが主流である。86年に就任した石井監督は森孝慈前監督のチームを引き継いでいたが、87年の中国遠征で主力だった木村和司を外した。さらに4月に五輪予選（88年ソウル五輪）が始まると3–5–2にシフトしていった。ちなみに当時の日本代表の目標はワールドカップよりも五輪出場で、ほとんどがアマチュア選手である。事実上のプロ選手はいたものの、当初、日本サッカー協会が公認していたのは木村とブンデスリーガでプレーした経験のある奥寺康彦だけ。プロリーグ（Jリーグ）がスタートするのは6年後だった。【図30】

木村の選外と3–5–2の導入は同じ文脈上にある。攻撃の最重要プレーヤーだった木村を外したのは、木村自身のコンディショニングの失敗によるものだ。しかし、攻撃の核を外したことでチーム全体が守備型へ変化していく。

「ことさら守備的にやったつもりはなかったが、相手に主導権を握られる展開が予想されたので、しっかり守備をしたうえでカウンターを狙う戦い方を考えた」

石井氏は当時を振り返ってそう話していた。それは、「日本より個人技が下というチームがほとんどない」と認識していたからだ。

「日本よりも明確に個人技が下なのはカンボジア、ネパール、マカオぐらい」（石井氏）

現在の感覚からすると信じられないかもしれないが、そんなものだったのだ。アジアでの戦いでも相手にボールを握られる展開が予想された。まず守備固めは現実的な戦術だったわけだ。

この時期は2トップが主流になっていて、対する守り方はゾーンの4バックかマンツーマンの

図30　日本代表（石井義信監督時代）

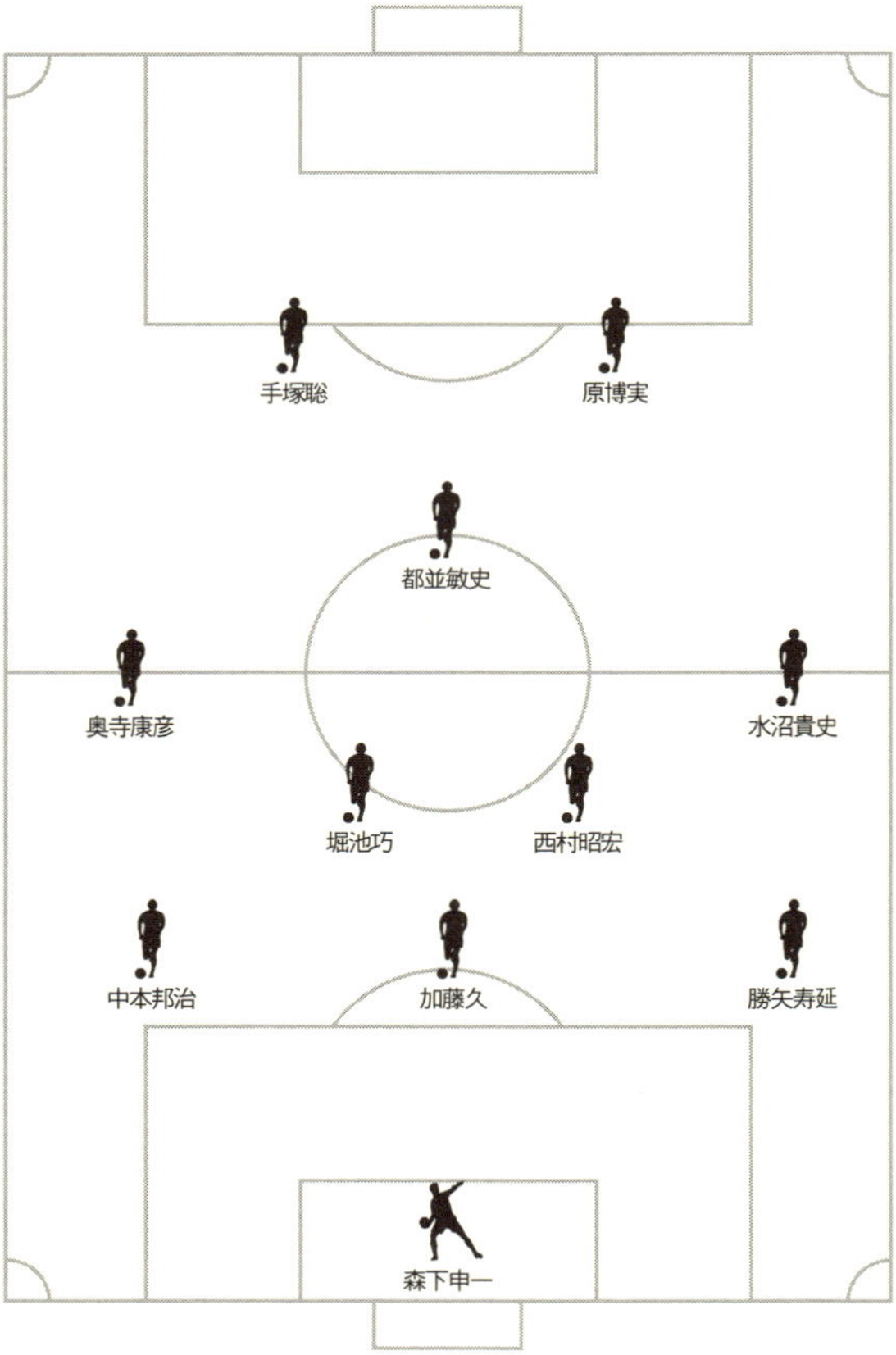

1987年10月26日の中国戦（ホーム）の先発メンバー。石井監督時代で最も守備的な人選で引き分け以上の成績を狙ったが0－2で敗れた

← ボールの動き　← 人の動き　← ドリブル

3バックか。石井監督は「そのほうがはっきりする」という理由で3バックを採用している。五輪予選で中国と対戦するまでの8試合で7勝1分け、得点23、失点わずか1。

五輪出場をかけた中国との決戦は、アウェーゲームの1週間後にホームという予定だった。「アウェーで引き分ければ中国は内部分裂する」と石井監督は考えていた。日本はアウェーで1-0と勝利する。ここまでは目論見どおりだった。しかし第2戦は3週間後に延期されてしまう。1週間後では国立競技場の使用ができず、収益性の問題から他会場案も見送られた。日本はホームで0-2と敗れ、石井監督は辞任した。

横山謙三監督　攻撃型の3-5-2へ

石井監督の後任となった横山謙三監督は、同じ3-5-2でも攻撃型にモデルチェンジする。石井監督のときは目前の五輪予選に向けて守備を重視していたが、それを続けても将来の飛躍がないと考えた横山監督は、若手の発掘や育成の見直しなど、抜本的な改革に着手した。若手の経験不足もあって当初は難航したが、90年アジア大会から三浦知良、ラモス瑠偉が加わり、武田修宏、北澤豪もメンバーに定着。攻撃陣が読売クラブで固められると主導権を握れるよう

図 31　日本代表（横山謙三監督時代）

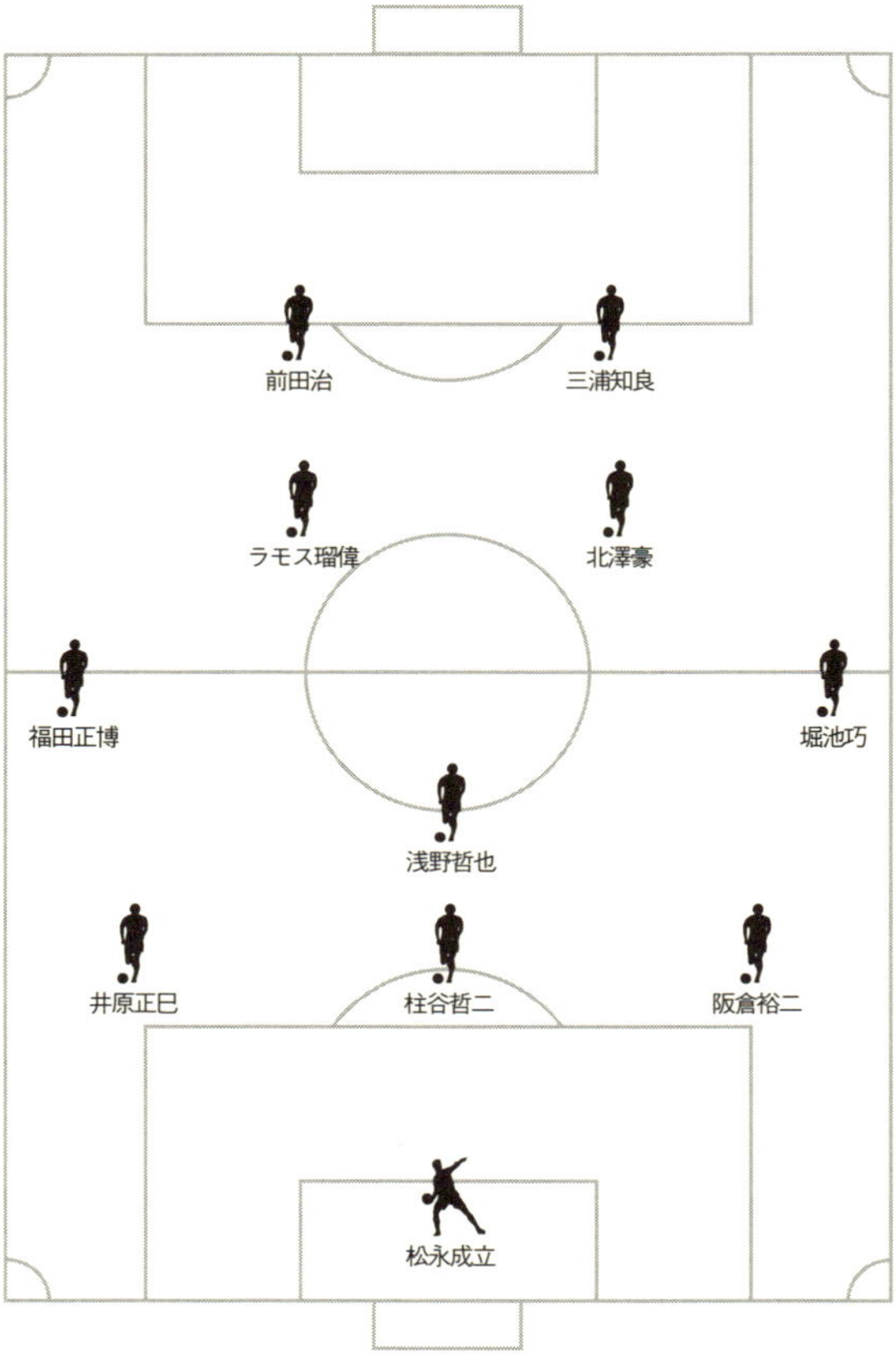

1991 年 7 月 27 日、韓国との親善試合のメンバー。横山監督の最後の A 代表マッチ。読売クラブ勢を起用した攻撃的な３－５－２だったが０－１で敗れる

←―― ボールの動き　←…… 人の動き　←～～ ドリブル

になっていった。ウイングバックには福田正博が起用されていてメンバー構成は攻撃型だった。【図31】

3バックの採用理由は石井前監督と同じで、対戦相手に2トップが多かったからだ。前記のとおり、この時期の2トップ対応はゾーンの4－4－2か、リベロを置いたマンツーマンの3バックか。4－4－2のほうはリバプールが代表的だが、3－5－2は84年ヨーロッパ選手権でデンマーク代表が旋風を起こしていた。日本リーグで3バックを採用していたチームはほとんどなく、強豪の読売クラブも4人のゾーン。ただ、守備組織の実体はゾーンとマンツーマンの中間という感じだった。日本サッカーにゾーンディフェンス文化は希薄で、ブラジル方式のラインディフェンスを採用していたヤンマーのような例はあっても、全体としてはマークをはっきりさせたほうが適応しやすかったようだ。

ハンス・オフト監督　4－4－2が登場

92年に初の外国人監督としてハンス・オフトが就任。ここで初めて4－4－2が登場する。ディフェンスラインは堀池巧、柱谷哲二、井原正巳、都並敏史。都並を除けば横山前監督時代の主力である。井原以外の3人は読売クラブ所属。コンビネーションの良い不動の4バックだった。中盤の4人はフラット、ダイヤモンド、ボックスと組み方は多彩。ただ、戦術的に多様性を求めたというより固定メンバーによるやり繰りの結果というのが実態だろう。ラモス、森保一、吉田光範の3人は鉄板で、残る1人が福田か北澤か。そのため、誰かが出場できない場合はプレーできる4人の特徴に応じて形が変化していた。ラモスは左サイド、トップ下、ボランチと右サイド以外は全部やっている。2トップは三浦、高木琢也、中山雅史、武田のいずれか。カズと高木の組み合わせが主力だった。【図32】

オフト監督は一時的に3–5–2も試していて、最終予選は途中で4–3–3に切り替えているようにフォーメーションにはこだわりがない。オランダ人のオフトが導入したのは戦術の基礎的なアイデアである。コンパクト、トライアングル、スリーライン。在任2年で繰り返し強調していたのはこの3つで、オランダの育成段階で叩き込まれる基本事項だった。もっともオフト自身が「基本ではなくディテール」と言っていたように、どれも試合を構成する要素であって、どれが基礎でどれが応用というものではない。構成要素として等価であるという考え方なのだが、当時の日本にはどれも根づいていなかった。

オフトが就任した92年はJリーグ開幕の前年にあたる。当時のフォーメーションは4–4–2

図 32　日本代表（オフト監督時代）

オフト監督期の基本メンバー。中盤の構成はさまざまだったが４－４－２が多かった

か3–5–2が主流。4–4–2はMFをダイヤモンドに組んだ形が多く、日本代表でも使っていた。

ダイヤモンド型では中盤の底に森保一、右に吉田光範、左にラモス瑠偉、トップ下に福田正博。ボックスのほうは後方が森保と吉田、前方にラモスと福田である。負傷者や出場停止者が出ても、この4人に北澤豪を加えた5人でやり繰りしていたので、5人とも複数のポジションでプレーしていた。アメリカワールドカップ予選まで1年半しかなかったため、メンバーを固定化していたのだ。メンバーの固定化は選手層の薄さとして最終予選のネックになるのだが、それまでの強化は順調だった。オフト監督の功績はプレーを整理したことである。

「あれ？　試合になってる……そういう感覚でした」（柱谷哲二）

主将を務めた柱谷によると、「それまでは韓国と当たったらおしまいだった」のが、韓国に対しても互角に戦えるようになっていたという。コンパクト、スリーライン、トライアングル、アイコンタクト……オフト監督はシンプルな英語でプレーのディテールを切り取って提示した。それまでにも〝あった〟し、サッカーでは常に〝ある〟ものだが、当時の日本にはそれぞれの事象を示す言葉がなかった。事象に名前がつけられたことで、それまでモヤモヤしていたものが急速に整理されていった。

オフト監督はディシプリンを要求している。日本語にすれば規律だが、規則そのものよりも規則を守ろうとする姿勢を指す。秩序のないサッカーが嫌いだった。代表が急速に力をつけたのを目の当たりにしたメディアは「オフト・マジック」と書き立てたが、オフト自身は「ロジックだ」と反論している。代表メンバーの核になっていたヴェルディ川崎は、南米サッカーの影響を強く受けていた。しかし、彼らに勝手にプレーさせてしまうと秩序がなくなる恐れがある。ロジックに基づいて段階を踏んで成長させたいオフトは、秩序のないプレーを排除したかったようだ。

「ポジションをぐちゃぐちゃにするな、自由ではない」

オフト監督はよく選手にそう言っていた。例えば、MF右サイドの選手が左サイドまで移動してしまうのはNGだった。フィールドを縦に4分割した場合、右側2つのエリアは自由に動いていい。しかし、右から3つめ（左から2つめ）はダメ。流動的にポジションを変えるのではなく、ある程度固定化させた整然としたサッカーを指向している。このあたりはオランダ人らしい。

得点源の三浦知良に対しても「下がるな」と指示している。カズは数多くボールに触ってリズムをつかむタイプのFWで、ヴェルディでもそうしていた。中盤に引いてからドリブルで仕掛けていくプレーもよくやっていた。しかし、これも代表ではNG。運動量を増やしすぎると肝心のゴール前で「息切れする」というのがオフトの理屈である。

一から十まで細かく言う監督ではない。その点ではヨーロッパの標準的な監督であり、〝こうプレーしろ〟ではなく〝この結果を出せ〟と言うタイプである。コンパクトにしろとは指示するが、どうやってコンパクトにするかは選手に委ねられていた。ただし、何か具体的な指示が出たときは絶対である。ブラジルでプロ経験のあるカズはこうした監督との関係をすんなり受け入れた。まともに衝突したのはラモスである。

最終予選の段階でラモスは36歳。19歳で来日してから日本サッカーを支えてきたスタープレーヤーだった。所属の読売クラブ（ヴェルディ川崎）では1人のプレーヤーの枠を超えていて、柱谷によると「ラモスさんの言うことは全部通った」という存在である。ほぼ監督と言っていい。

1つのチームに監督は2人いらない。当初、ラモスはオフト監督を認めていなかった。2人の考え方の違いで大きかったのは攻撃のアプローチだ。オフトは徹底したサイド攻撃を説いたが、ラモスは中央突破に固執していた。雑誌のインタビューにラモスの監督批判が載り、オフトはラモスを呼び出して弁解を迫っている。この会談はケンカ別れの危険もあったが、その後に2人の関係は急速に改善された。

とはいえ、考え方の溝まで埋まったわけではなく、オフトは相変わらずサイド攻撃を強調し、中央でパスをもらえないラモスが苛立つような場面がよくあった。オフト監督は強い相手に対してサイドアタックのほうが有効と考えていた。しかし、中央突破が不要とは思っていない。ただ、中央から攻めてもいいと言ってしまったら、おそらくそればかりになってしまう。ラモスのほうもサイドと中央のバランスが大事だと気づき、すべて中央というわけでもなくなった。互いに本当にやりたいことは違うのだが、監督のオフトがタテマエを崩さず、プレーメーカーのラモスはそれに合わせながらも中央突破のチャンスがあれば狙っていく。それでバランスがとれていた。

個性の強い選手たちをパッチワークのようにつなぎ合わせた日本代表は、アジアカップ初優勝を果たし、人気の面でもJリーグ開幕の気運とともに牽引車となった。弱点は選手層の薄さである。オフト監督もバックアップの充実を図ったものの時間が足りなかった。最終予選前には負傷中だった都並敏史の代役探しで難航する。ただ、それ以上に日本のプレースタイルがすっかり読まれていたのが痛かった。

最後のイラク戦でのロスタイムに喫した失点がクローズアップされがちだが、予選敗退の要因は2戦目のイラン戦で敗れたことだと思う。イランは日本の中枢であるラモスを激しい当たりで潰し、急造の左サイドを徹底してついてきた。イランに負けて後がなくなった日本は、カズ、中山雅史、長谷川健太の3トップに変えて北朝鮮、韓国に連勝する。メインのフォーメーションだった4－4－2は緒戦のサウジアラビア戦のドローとイラン戦の負けで軌道修正を余儀なくされた。手の内を読まれた4－4－2はアジアで頓挫したわけだ。

オフト監督になってからの大きな変化はパスを回せるようになったこと。それまで対戦相手はプレッシャーをかければ日本はつなげないと思っていた。しかし、パスでかわされてしまうので諦めて引くようになった。主導権を握るか握られるか、アジアにおいてその一線を越えたのがこの時期の代表だった。

ファルカン監督　導入された世界基準

94年米国ワールドカップ予選で敗退した後、オフト監督が退任。新監督に就任したのはブラジル人のパウロ・ロベルト・ファルカンだった。ファルカン監督は現代的な4－4－2を日本代表に導入している。ゾーンディフェンス、中盤はフラット型の横並び。機能的には現在の4－4－2に近い。【図33】

ファルカンはブラジルのインテルナシオナルやASローマ（イタリア）で活躍した名手で、

82年スペインワールドカップではジーコ、ソクラテス、トニーニョ・セレーゾと組んだ「黄金の４人」の１人として大活躍した。指導者としては１年ほどブラジル代表監督を務めたが、そのときのコパアメリカ準優勝という実績しかない。現役引退後にイタリアでテレビの解説者として人気があった。ＡＣミランがゾーンディフェンスとプレッシングを組み合わせたサッカーで世界的な注目を集めていた時期であり、ファルカンが日本に導入しようとしたのもそのスタイルだった。

ところが、ファルカン監督はわずか９カ月で事実上解任されてしまう。アジア大会を入れても９試合しかやっていない。当時の最先端の戦術を導入しようとしたのだが、それが現状とかけ離れすぎていたのだ。

ファルカン監督が目指した戦術は、現在の代表選手たちなら問題なく実行できただろう。しかし、当時の日本代表にとってはかなり要求が高かった。ファルカン監督下でもプレーした柱谷哲二によると、「オフトよりも要求が高く、選手のレベルには全く合っていなかった」という。

ファルカン監督は当初、若手を大量に招集して話題になっている。４年後のワールドカップを目指して世代交代を図る狙いがあったわけだが、指向するサッカーをやるには体力のある選手を集めたいという事情もあった。オフト前監督時代のメンバーの多くが外れ、スタメンクラ

図33　日本代表（ファルカン監督時代）

中盤をフラットにした４－４－２。ファルカン監督はフィジカル能力を重視し、現代的なプレースタイルを持ち込もうとしたが日本サッカーの現状と合っていなかった

← ボールの動き　← 人の動き　← ドリブル

スで残ったのは柱谷、三浦知良、井原正巳ぐらい。とりあえずフィジカル的に能力の高い若手を招集し、4年かけて形にしていくつもりだったようだ。

しかし、いざ集めてみると監督の要求には全く応えられなかった。オフト前監督の戦術理論はメディアを通じて広まっていたとはいえ、メンバーを固定していたので直接指導を受けた選手は一握りだ。さらにその選手たちも招集外となり、Jリーグに出たての若手にいきなり最先端の戦術をこなせというのが無理な話である。

ファルカン監督は妥協しなかった。アジア大会では少し現実に合わせているが、それでも理想と現実のギャップは大きく、韓国に敗れてベスト4を逃すと「契約満了、更新なし」として事実上の解任となった。

ファルカン監督の4-4-2は、ゾーンによるプレッシングとショートカウンターの組み合わせをベースにしたものだ。

まず、ゾーンディフェンスが当時の選手には難しかった。日本にもゾーンで守るチームはあったが、「ゾーンに入ってきた相手をマークする」といった類のもので、ミランがやっていたような全体が組織的に動くディフェンスとは根本的に違っていた。現在ではJリーグでもゾーンはすっかり普及しているものの、ゾーンディフェンスをディテールまでしっかり詰め切れているチームは意外と少ない。原則どおりでは、個の高いレベルに対応できないという事情もあるのだが、依然として曖昧さを残している。ハリルホジッチ監督が選手をロープでつないだ守備練習を行って話題になったが、あれはゾーン導入期の定番メニューだった。現在でもその程度なのだから、22年前にいきなり導入された戦術を実行するのは非常にハードルが高かったわけだ。

高い位置で奪えたら10秒以内にフィニッシュへ持っていく、というダイレクト・プレーもファルカン監督のサッカーではポイントだった。しかし、こちらもハードワークをこなしたうえで、素早く切り替え、正確なパスで素早く相手ゴールに迫るというプレーを実現できるレベルにはなかった。誰も監督の要求するクロスボールを蹴れず、見本でやったファルカンが一番上手かったそうだ。

ファルカンの指向した4-4-2は当時の最先端に近いサッカーだったといえる。世界トップレベルの標準だ。従来とは違う強度、体力を要求されるサッカーである。そこで、まず体力のある若手を選抜したわけだが、技術、経験が足りなかっただけでなく、体力自体も要求水準にはなかった。つまり、ファルカン監督の構想は絵に描いた餅にすぎなかったわけだ。4年間かければ実現できたのかもしれないが、そこまで協会の信任を得られていなかった。

ファルカンが解任され、加茂周監督が誕生する。実は、加茂監督が指向するサッカーはファルカンとほぼ同じだった。横浜フリューゲルスを率いて「ゾーンプレス」を掲げていた加茂監督の戦術は、やはり流行のプレッシングを軸にしたものだったのだ。ただ、当然日本の事情に精通しているぶん加茂監督の手法はずっと巧みで、ファルカンが失敗した戦術の導入に部分的に成功を収めることになる。

加茂周監督　ゾーンプレス

日本サッカー協会の代表監督選びには、ある特徴があった。新監督を選んだ理由として、前任者に足りなかった部分を補う人物だと説明していたのだ。

ハンス・オフトを招聘したときは「選手もプロになっているので、監督もプロでなければダメ。外国人しかない」だった。次のパウロ・ロベルト・ファルカンは「修羅場をくぐった人」として迎えられている。最終予選でオフトがナーバスになっている姿を見ていたからだという。そして、短期間で事実上解任されたファルカンに代わった加茂周監督の就任は「コミュニケーションのとれる人」だ。ファルカン監督は周囲とのコミュニケーションに問題があるとされていた。しかし、加茂監督を迎えた段階で、オフトのときの「外国人」は忘れられている。さらに岡田武史監督を挟んで、フィリップ・トルシエ監督のときは「世界を知る監督」と紹介されたが、「コミュニケーション」はどこかへ行ってしまった。さらに、ジーコとイビチャ・オシムを経て岡田監督を再任させているが、その時点で「世界を知る監督」だったかといえば怪しい。

一連の〝川淵（三郎）人事〟では、前任者の弱点を補う形で後任が発表されるのだが、その次になると2人前の問題点は忘れられるのがパターンだった。監督就任発表の説明は見事なくらい一貫性を欠いているのだが、偶然かもしれないが強化方針には意外と継続性があった。ファルカン→加茂もそうだった。

加茂監督は日産（現在の横浜F・マリノス）を常勝チームに育て上げて名をあげ、横浜フリューゲルスの監督時には「ゾーンプレス」を掲げて93年の天皇杯に優勝。日本人としては最も経験豊富で実績のあるプロ監督だった。日産のときは木村和司、金田喜稔、水沼貴史、アデマール・マリーニョ、柱谷幸一といった個人技に優れた選手を集めて技巧的なプレースタイルだったが、横浜フリューゲルスではヨーロッパのプレッシング戦法を採り入れ、南米風のヴェルディ川崎、横浜マリノスに対抗しようとしていた。

日本代表監督としては、横浜フリューゲルス時代の「ゾーンプレス」導入を図っている。プレッシング＋ショートカウンターを軸とする戦術は前任者のファルカンと同じ路線と言っていい。ただ、日本のクラブにプレッシングを導入した経験がある加茂は、ファルカンの轍を踏まなかった。ファルカンの理想はまったく実現されず理解もされていなかったが、加茂の指導は当時の選手たちには「わかりやすかった」という。【図34】

ただ、その「わかりやすさ」が最終的にアダになったかもしれない。ゾーナル・プレッシングをわかりやすく「ゾーンプレス」という和製英語で広めた加茂監督も、当初は見よう見まねだった。横浜フリューゲルス時代にズデンコ・ベルデニックをコーチに招き、プレッシングのノウハウを吸収している。

代表では、導入初期にかなり極端な指導をしていた。サイドに長方形をイメージさせ、その中に相手がボールをつないだら3、4人が長方形内に入って次々とボールにアタックする。かわされても構わないから、スライディングしてでもとにかくプレッシャーをかけ続けろという指示である。確かに「わかりやすい」。もちろんずっとこれではまずいのだが、ゾーンディフェンスにもプレッシングにも不慣れだった日本選手への導入部としては良かったのかもしれない。

攻撃ではショートカウンターが重視された。中盤でプレスして奪い、素早く逆サイドの裏を

図34　日本代表（加茂周監督時代）

加茂監督は横浜フリューゲルスで導入した「ゾーンプレス」を代表でも採用。日本の近代化に成功した半面、アジアでの戦いで足下をすくわれることもあり、フランスW杯予選の途中で更迭された

←―― ボールの動き　←…… 人の動き　←〜〜〜 ドリブル

狙う。10秒以内にフィニッシュへ持っていこうというダイレクト・プレー指向もファルカンと同じだ。加茂監督が就任した95年は、すでにプレッシングが世界的に定着しかけていた時期である。ACミランだけがやっていた時期は過ぎ、どのチームもプレッシングと高いライン設定をするようになっていた。つまり、中盤でボールを奪えば相手もプレスをかけてくる半面、ディフェンスラインは高く逆サイドも空いている。プレスの掛け合い、裏の取り合いというこの時期の傾向を、加茂監督は意識していたのだろう。

守備におけるプレッシングと攻撃での逆裏狙いは、ハンバーガーとポテトのようなセットものだ。加茂の次の次に代表監督となったトルシエは逆裏狙いを「ウェーブ」と表現しているが狙いは同じである。ファルカン→加茂→トルシエの戦術は同種であり、この点では一貫性と継続性が保たれていた。

プレッシングを導入した日本はユーゴスラビアに1-0、メキシコに3-2、ポーランドに5-0、スウェーデンに2-2など、親善試合とはいえ欧州南米勢に対して強かった。一方、アジアカップでクウェートに0-2、バンコクでタイに1-3と敗れるなど、アジア勢には足下をすくわれている。強いのか弱いのかよくわからなかった。

プレッシングはヨーロッパで生まれた戦法だ。パスをつないでくるチームには一定の効果がある。ところが、中盤をとばして後方から前線へロングボールを蹴り入れてくるアジア勢には効果がない。〝世界〟をキャッチアップしようと取り組んだ戦法だったが、あまりにもそれに特化しすぎたのだ。ヨーロッパの先端を見過ぎてアジアの泥沼にはまってしまった感があった。

加茂監督が導入したプレッシングには一定の効果があったとはいえ、それは極めて限定的である。設定した長方形へ誘導し、相手がパスをつなごうとしていれば、ボールへ殺到して面白いように奪える。ただ、それを90分間継続するのは無理だった。奪いきるか、苦し紛れに蹴らせて回収、この流れだけで90分間を押し切るのは無理な話で、バルセロナのように70パーセントぐらいポゼッションしているチームでなければ成立しない。プレッシングがハマらない場合の守備のほうが現実には多くなる。しかも、中盤で戦う気がないアジア勢に対してはプレッシングの機会すらない。

ロングボールを蹴るだけ、カウンターアタックだけの相手は、本来なら御しやすいはずだが、ロングボールを確実に断ち切れないのでラインが後退し、コンパクトな陣形は間延びしやすくなった。ロングボール対策のために当初の4-4-2は3-5-2へ変更。するとさらに間延びしやすくなり、「ゾーンプレス」は初期の輝きを失い、次第に看板倒れになっていった。

トルシエ監督　ミラン型4―4―2の3バック版

日本が初参戦した1998年フランスワールドカップは3戦全敗でグループリーグ敗退となった。アジア予選途中で加茂周監督が更迭され、コーチから昇格した岡田武史監督の下、イランとのプレーオフを制して本大会へ進んだものの、アルゼンチン、クロアチア、ジャマイカにすべて1点差で敗れた。【図35】

後任のフィリップ・トルシエ監督は、ワールドカップでは南アフリカを率いていた。ブルキナ・ファソ、ナイジェリアなどアフリカの代表チームやクラブチームを率いて名をあげた指導者だった。

トルシエ監督はファルカン、加茂と続いた当時の世界標準を目指す流れを継承している。ただし、その浸透度は前任者たちに比べると大きな差があった。トレーニングのメソッドが比較にならないほど緻密だった。戦術構築のための指導力が違っていたのだ。

代表、五輪代表、U―20代表と3世代の代表チームを掛け持ちしたトルシエ監督は、最初の1年間ぐらいはほとんど守備の練習しかしていない。

図 35　日本代表（第 1 次岡田武史監督時代）

1998 年フランスW杯のメンバー。岡田監督はアジア予選時の４－４－２を３－５－２に変えて本大会に臨むも、アルゼンチンとクロアチアに０－１、ジャマイカに１－２で敗れてグループリーグ敗退

←—— ボールの動き　←…… 人の動き　←〜〜 ドリブル

定番だったのはテニスコートぐらいの長方形に11人を配置し、敵をつけない形でのポジショニングの練習である。監督がボールを持って移動し、その都度選手たちがチャレンジ&カバーのポジショニングを繰り返す。同時に「フラット・スリー」と呼ばれた3人のDFが、ボールの状況に応じてディフェンスラインの上げ下げを細かく行う。ボールにプレッシャーがかかっていればラインアップ、プレッシャーがOFFの状態ならラインを下げる。そのときの下げ幅も相手のトップから3メートル後方と決まっていた。ボールが高く上がったときには誰がヘディングするかを周囲の選手が必ず指定する、ボールの位置に応じての体の向きの修正、バックステップの踏み方……マニュアルが明確で非常に細かかった。

オフト監督のときに基本的な戦術が持ち込まれ、ファルカン監督と加茂監督（岡田監督）のときには当時の世界標準へのキャッチアップを試みた。だが、そのためのロードマップが明確に示されたのはトルシエ監督の4年間である。オフトの言っていた「ディテール」は、ミラン以降の現代戦術において変化しており、ゾーンとプレッシングの守備戦術が非常に細かなディテールによって成立していることを日本サッカー界がはじめて気づいた時期だったといえる。

当初、トルシエ監督へ選手やメディアからの反発があった。それまで経験したことのないトレーニング、あまりにも細かい約束事、アフリカでの指導方式をそのまま持ち込んでしまった監督自身の高圧的な態度にも原因があった。しかし、やがて戦術が機能しはじめると、U−20はワールドユース大会で準優勝し、シドニー五輪もグループリーグを突破、アジアカップでは優勝、コンフェデレーションズカップ準優勝と着実に結果を出していく。

このときの代表は3−5−2のフォーメーションだが、戦術の系統としてはミラン以降の4−4−2に連なるものだ。リベロを置く3バックではなく、完全ゾーンのフラットラインとコンパクト、プレッシングを軸としている点で、ミラン型4−4−2の3バックバージョンなのだ。【図36】

4年間で、日本は戦術的に世界標準へ一気に追いついた感があった。中田英寿、松田直樹、宮本恒靖、中村俊輔、小野伸二、稲本潤一、高原直泰、小笠原満男など、若手の台頭で技術レベルも格段に上がっていた。

守備戦術にメドがついた段階で、トルシエ監督はようやく攻撃のテコ入れも始めていた。といっても、こちらも相手をつけない単調なロールプレー方式だったのだが、やはりロジックで固められていた。まずは逆サイドの裏、縦へのクサビ、それが無理なら後方でのサイドチェンジとオーバーラップの組み合わせ……手順がはっきりしていて、ボールをどう動かせばどこが空くかを予め想定したトレーニングだった。シュート練習でも、必ずパスワークと20メートル

図36　日本代表（トルシエ監督時代）

2002年W杯でベスト16へ導いたトルシエ監督は、「フラット・スリー」と呼ばれた3バックによるラインコントロールとプレッシングを組み合わせた守備戦術を植え付けた

← ボールの動き　← 人の動き　← ドリブル

以上のスプリントを組み合わせた。止まった状態でシュートを打つ機会など実戦ではほとんどないからという理由だった。

3人だけでカウンターアタックに対処する練習もよく行っていた。中央を閉じてサイドへ誘導し、ラインを張ってクロスボールをはね返す。FWに体をぶつけてから競るなど、ディテールをしっかり詰めていた。フリーでドリブルしてくる相手には、中央のDFが前に出る「ストッピング」を行い、そのときは残りの2人は絞りながら3メートル後方でラインを止める。ストッピングを行うのは必ず中央のDF。サイドのDFがこれをやるとどういう不都合があるか、どこを守り、どこを捨てるか、すべてが理詰めである。

非常に論理的な戦術だったのだが、見た目はかなり危なっかしかった。

1つ手順を間違えると致命傷を負いかねない。これはミラン型戦術で回避しにくい弱点なのだが、日本のフラット・スリーはまさに背水の陣という感じだった。同時に、やられそうでやられない。実は、ここに最大の特徴があったと思う。水際戦術によって選手の緊張感、集中力、一体感を高める。一方で大きなスペースのあるライン裏を相手に意識させ、一糸乱れぬ組織守備で迎撃する。自国開催の2002年ワールドカップに向けて、強化は順調に進んでいた。しかし、開幕直前になって問題が浮上する。

日本がキャッチアップした世界標準の戦術はすでに4年遅れだった。その間に戦術は変化し、淘汰されている。やられそうでやられないはずの日本の守備戦術は、そのメカニズムを熟知する相手には確実にやられる危険を内包していた。守備戦術自体は現代にも通じるものだったとはいえ、日本の場合はリスクを負いすぎていたからだ。

フィリップ・トルシエ監督の率いた日本代表は、「やられそうでやられない」のが特徴だった。「フラット・スリー」による高いディフェンスラインは一発で裏をつかれるリスクと隣り合わせだったが、それを誘い水に緻密な組織守備で迎撃していた。しかし、2002年ワールドカップの段階では少なくとも4年遅れの戦術だった。

当初、ミランがやっていた非常に高い位置でのラインコントロールは、わりと早い段階で低めに設定し直されている。1994年米国ワールドカップでは、ミランでこの守備戦術を始めたアリゴ・サッキ監督が率いていたにもかかわらず、イタリアのラインはそれほど高くない。酷暑の米国では、ラインコントロールとセットになっているプレッシングが難しかったからだ。1998年フランスワールドカップでは、アルゼンチン戦でのデニス・ベルカンプ（オランダ）の美しいゴールのように1本のパスで裏をつく攻撃が浸透していて、この大会ですでにラインは下がっていた。

ミラン型戦術の普及とともに対策も進んだヨーロッパでは、守備も修正が繰り返されていた。一方、98年に就任したトルシエ監督は4年後の自国開催に向けてヨーロッパに追いつくべく突貫工事のようにチームを作っていったわけだが、そこにヨーロッパのような厳しい競争はない。アジアカップに圧勝した後、「ここから一気に加速する」とトルシエ監督は話していたが、フランスとの親善試合で0-5と大敗を喫して出鼻を挫かれた。直後のスペイン戦では、いきなりラインを大きく下げている。ヨーロッパが経験した数年分を1試合で体感したので、皮肉な言い方をすれば戦術的には「加速」した。ただ、チーム作りとしては挫折である。スペイン戦で相手の監督から「バスを置いた」と揶揄された超守備戦法から、その後は持ち直してワールドカップに臨んでいる。

その間、何度かフランス戦に似たような試合があった。ラインコントロールの隙を狙われて失点したノルウェー戦があり、1トップ+2シャドーのホンジュラスには3バックの前面を浸食されている。ホンジュラス戦直後の会見でトルシエ監督は「1対1で勝たなければいけない」と話したが、これは自身の「3対7でも守りきれる」と豪語した以前の発言と矛盾している。数的不利でも組織で守りきれるはずが、結局は「1対1」で勝たなければダメだと言っていた。ある意味、どちらも本当である。サッカーは1対1があり、組織がある。個と組織は両輪。ただ、キャッチアップに必死だった日本はヨーロッパであったような試行錯誤を経ておらず、トルシエ監督の指導方法も疑義を挟ませない結論ありきだった。組織最優先。そうでなければ2002年には間に合わなかっただろう。しかし、そのために〝重み〟を欠いていた。

ヨーロッパの試行錯誤を経た戦術が大きな石を積み上げたものとすると、日本はまるでガラス細工だった。美しく精巧で整然としているが、実は意外と脆い。一度はフランスに砕かれ、何度かはヒビを入れられた。しかし、材料から変えていたら到底間に合わない。秋田豊と中山雅史、2人の実力者が大会前に急遽呼び戻されたが、それも「日本人の心」が必要という判断で、彼らを再び主力に据えようという意図ではなかった。

何とか形にはしたものの、日本の戦術には脆さが内在していた。選手たちもその危うさに気づいていたが、理詰めの組織戦術からの逸脱はチームからの離脱に等しい。戦績も良く、大きな修正はないままワールドカップ本番を迎えた。

緒戦のベルギー戦は2–2、しかし浅いラインの裏を狙われていた。それまで何度か抱いていた危惧が現実としてつきつけられた。次のロシア戦、選手たちの判断でラインを下げて勝利する。別のグループでアルゼンチンに勝ったイングランドの守備をヒントにしたそうだが、遅れていた数年分を一気に取り戻したわけだ。といっても、いわば付け焼き刃であって、ラインを下げることで発生する新たな問題までは考えていない。ラインを下げれば自陣でミスが起こりやすくなる、深い位置からの攻撃も難しくなる。決勝トーナメント1回戦のトルコ戦では、自陣のミスからCKを与えて失点。トルコの堅陣を崩せないままベスト16で敗退した。

韓国が4位になったことで、日本のベスト16はさほど高い評価をされなかったが、ワールドカップ出場2回目でベスト16は十分快挙といえる。開催国として組み合わせに恵まれていたのは確かだが、ファウルも被ファウルも最多の日本は球際で戦い続けていた。当時話題になった選手たちによる戦術変更も、ラインの位置を変えたマイナーチェンジにすぎない。機能性はラインの高低にかかわらず同じなので、トルシエ監督が築いた土台あっての話である。トルコ戦での采配の混乱などはあったが、大きな仕事をした監督であったことに変わりない。

トルシエ退任後、ジーコが新監督に就任。トルシエは「ジーコは私の遺産を食いつぶすだろう」と不吉な予言をしていたが、それは半ば的中することになる。ジーコ監督はサッカー観もチーム作りも前任者とは対極といっていいぐらいで、食いつぶすどころか前任者の遺産には目もくれなかった。長く続いていた、先行するヨーロッパを中心とした戦術にキャッチアップするという姿勢もとっていない。理想の戦術を定めて邁進するのでなく、現在ある選手の力量を信頼して、今そこにある能力を発揮させることを優先した。

ジーコ監督　ブラジル式4－4－2

２００２年ワールドカップ後、フィリップ・トルシエ監督の後任としてジーコ監督が就任した。いわずと知れた世界のスーパースターである。

ファルカン、オシム、ハリルホジッチも選手としての名声はあったが、ジーコとは比べられない。ただ、監督としての手腕は未知数だった。鹿島アントラーズで短期間指揮を執った経験はあったが、監督としてのキャリアはないも同然。とはいえ、日本代表に経験豊富で世界的に実績のある監督が就任したことはそれ以前にもない。オフトはフロントやコーチの経験は豊富だったがプロチームの監督だったことはなく、ファルカンはブラジル代表を率いたが短期間にすぎない。加茂、岡田には国際的な経験がなく、トルシエの実績はアフリカ限定だった。監督経験の有無は、協会にとってさほど大きな問題ではなかったのかもしれない。

ジーコ監督は前任のトルシエ監督とは正反対の方針を採った。チーム作りに関して、トルシエがトップダウン方式とするとジーコはボトムアップである。世界標準を目指して選手を鍛えるのではなく、選手の能力を信頼して個々の力を最大限発揮させようとした。今、そこにいる選手の力を引き出すことがジーコ監督の基本方針だった。

ハンス・オフトから続いていた世界標準へのキャッチアップという流れは、ここで大きく変化したことになる。「世界」へ追いつけと頑張ったところで、日本は「世界」の中心にはいない。設定した目標に到達したときには、すでに「世界」は一歩前にいる。

ジーコ監督が意識したのは「世界」より、むしろ「日本」だった。まずは自分たちの力を出す。そのために選手に自由を与え、戦術的な約束事は最小限にとどめた。大枠だけ決めて、細部は選手同士の話し合いに委ねている。その結果、オフト以来続いていた、そしてファンも慣れていた、段階を踏んで成長する日本代表はみられなくなった。はじめての「進歩しない」代表チームである。

当初のフォーメーションは4－4－2。ジーコ監督はフォーメーションにこだわりはなく、その後は3－5－2に変化している。形が先にあるのではなく、選手にフォーメーションを合わせていた。ただ、ベースになっていたのはボックス型の4－4－2であり、ブラジル方式である。【図37】

トルシエ前監督が徹底させていたフラットラインは破棄され、「1人余れ」という守り方に変わった。フラットラインは数的優位でも1本のパスでまとめて置き去りにされてしまうリス

図 37 日本代表（ジーコ監督時代）

３－５－２も使っていたが、ジーコ監督時代の基本はブラジル式のボックス型４－４－２。ＧＫ以外のすべてのポジションが対になっている

←—— ボールの動き ←…… 人の動き ←〜〜 ドリブル

クがあるが、1人がカバーリングポジションをとっていればそのリスクは軽減できる。はっきりとリベロを置いたわけではなくSBやMFが余ってもいい。とにかく相手より1人の数的優位。ブラジルは伝統的にゾーンディフェンスを使っているが、「人」への意識が強い。セレソンも3バックと4バックで揺れた時期があり、それはジーコ監督の日本も同じなのだが、「人」への意識が強い守り方ゆえの悩みといえる。

中盤の構成は2人のボランチと2人の攻撃的MF。攻撃的MFにはウイングよりもプレーメーカーのタイプが多く、この2人は攻撃時に中央へ入るので、サイド攻撃はSBのオーバーラップが多用される。攻撃的MFは1人ではなく2人というところが、人材豊富なブラジルらしさかもしれない。当時の日本もこのポジションは人材が豊富だった。中田英寿、中村俊輔、小笠原満男、小野伸二などがいた。

ブラジルの2トップはポストプレーヤーとスピードのあるセカンドトップの組み合わせが代表的だが、とくにこれと決まっているわけではない。柳沢敦、高原直泰、久保竜彦、大黒将志、玉田圭司、大久保嘉人など多彩なFWが起用された。

ブラジル式4-4-2の特徴は、GK以外すべてのポジションが対になっていることだ。CB、SB、ボランチ、攻撃的MF、FWのすべてが対。主に対になっている同士でバランスをとれば、自然に全体のバランスが保たれる仕組みである。いわゆる「つるべの動き」が強調されるのはそのためだ。

戦術的な縛りは少なく大雑把で、細部は選手同士の話し合いで積み上げていく。チームの進化は細部の詰めと連係の構築にかかっているので、メンバーの固定化は避けられない。ジーコ監督は「序列」を明言していた。

システムや戦術によってチームが進化すると考えるのは幻想である。例えば、正しいポジションをとってもパスがつながるとはかぎらない。そこには必ずタイミングが介在するからだ。ジャストなタイミングでパスをつないでいくには、その前提として卓越したボールコントロール、パスの精度、受け手がマークを外した瞬間を見逃さない眼が必要になる。そうした個人技術、個人戦術なしに、何をどう積み上げたところで砂上の楼閣にすぎない。まず優れた個人を集める、そして組み合わせる、細部は当事者で詰める……その繰り返しによって連係が深まり、チームとしても進歩する。ジーコのチーム作りは王道といっていいかもしれない。ただ、それはいわばチャンピオンチームのやり方ともいえる。

例えばレアル・マドリー、マンチェスター・ユナイテッド、あるいはブラジル代表……個の能力で優れているこれらのチームは、すでに強いので進歩する必要がないチャンピオンチームだ。持っている能力を発揮し、連係も良ければ、問題なくたいていの相手には勝ててしまう。無理に進歩的な戦術を採り入れなければならない理由はなく、自分たち以外の何者かを目指すこともない。

では、当時の日本代表はチャンピオンチームだっただろうか。ジーコ監督の日本は、いくつか素晴らしい内容の試合をしている。ブラジル、イングランド、ドイツに引き分け、チェコや欧州王者だったギリシャに勝っている。一方、それ以上に多くの内容に乏しい試合もあった。良いときの日本は、チャンピオンとはいわないまでも強豪国を相手に一歩も引かずに戦える力を発揮した。ところが格下相手に手こずる試合も多く、全体的にはほとんど進歩がないまま4年を経過している。突発的に力を発揮するが、決して右肩上がりにはならない。もともと本日只今の最高値を出すことに特化していて明日は考えていない。

とはいえ、経験を積んで連係を深めることで少しずつ進歩はするはずだった。しかし、そうはならなかった。戦術以前に、チーム作りに重大な問題があったからだ。無理をしていないはずなのに、実は当時の日本にはかなり無理なやり方をしていた。

ジーコ監督のチーム作りは「序列」重視だった。メンバーを固定して連係を深めていくという方針である。「黄金の4人」と呼ばれた中田英寿、中村俊輔、小野伸二、稲本潤一のＭＦが軸になるはずだったが、負傷やコンディション不良で4人が揃ったことはほとんどなかった。「黄金」の元祖であるブラジル代表のほうも、実はジーコ、ソクラテス、ファルカン、トニーニョ・セレーゾが揃ったのは82年ワールドカップが始まってからで、メンバーを固定してきたわけではない。個々の能力と高い即興性によって成立していたカルテットだった。個の技術と戦術眼が高ければ、高度な連係は可能という好例かもしれない。

個の能力を信頼し、戦術的な縛りを最小限にとどめる方針は、それまでの日本代表にはなかったやり方だったが、チーム作りとしては珍しくない。効果もそれなりに期待できる。ジーコは日本を去った後、フェネルバフチェを率いてクラブ初のCLベスト8進出を果たしている。ジーコ、トルシエ、オシム、ザッケローニ、アギーレ、ハリルホジッチもそこまでの実績は残していない。ただ、当時の日本には合っていないやり方だった。

ジーコの能力主義、序列主義は結果的にチームの崩壊につながっている。能力優先はプロとして当たり前で、どのチームにも序列は存在する。そこに実力主義が貫かれているかぎり大きな問題はない。しかし、実力以外の序列が介在すると、この方針は成立しなくなる。日本の問題は、「海外組」と「国内組」という2つのチームを抱え込んでしまったことにあった。

2002年ワールドカップのとき、「海外組」は4人しかいない。中田英寿、小野伸二、川口能活、稲本潤一だけだった。ところが、その後は中村俊輔、中田浩二、柳沢敦、大黒将志、藤田俊哉、高原直泰と急増していく。もともと力のある選手だから外国のクラブへ移籍しているわけで、ジーコ監督も彼らを招集する。しかし、すべての強化試合に招集するのは不可能で、Jリーグの選手を中心に試合をすることも多かった。「海外組」「国内組」という言葉が頻繁に使われるようになったのはこの時期である。

海外組の増加は2つの弊害をもたらした。まず、固定メンバーで連係を深めるという方針が困難になった。国内組を中心に強化試合をやった後、海外組が合流して公式戦という流れの中では細部の積み上げが進まない。国内組で詰めた細部や連係が、海外組の合流でやり直しになってしまう。積んでは崩すの繰り返しで、ディテールの詰めもコンビネーションも深まらなかった。はからずも選手層の拡大という代表チームに必要なチーム作りにはつながったかもしれないが、そもそも時間のない代表強化において2つのチームを並行させるのは無駄である。

より決定的だったのは海外組の状態だ。所属クラブでコンスタントにプレーしている選手が少なかった。中田英寿でさえボルトンでベンチに座っていた。またこれは現在でも変わらないが、ヨーロッパから日本への移動は10時間ぐらいかかり、時差も7～8時間、さらに東回り。これは移動を余儀なくされる各国代表選手の中でも最も過酷といえる。海外組はその能力ゆえに序列の上位にいたわけだが、実際にチームに合流してみると実力を発揮できないこともあった。本当の実力主義ではなくなっていたわけだ。その時点で序列が競争力を低下させる元凶になるのは当然の帰結である。

海外組と国内組、2つのチームを並行して強化していた弊害の象徴としてあげられるのが「ライン の位置問題」だろう。

もともとジーコ監督の戦術では高いディフェンスライン設定はしにくい。「1人余れ」が原則だからだ。しかし、FWとMFを占めた海外組は前方からの守備と高いラインを主張し、DFを形成する国内組と見解の相違が生まれていた。もちろんラインの高低はその場の状況によって決めるものだが、基準をどこに置くかというところで意見が違っていたわけだ。これもその都度話し合いによって解決されていったのだが、そもそもチームとして一定の方針がないこと自体異常といっていい。最終的に監督から基準が示されたのは、何とワールドカップが始まって2試合目のクロアチア戦から。つまり最後の2試合である。

トルシエ前監督のフラット・スリーは圧力調整の蓋のようなものでDFの数はさほど問題ではないが、ジーコ監督の「1人余れ」は明確に人数が問題になる。3バックか4バックかが議論されていたのはそのためだ。ただ、ジーコ監督はそこにも意外に無頓着で、相手のFWに合わせてＤＦの数を決めていたわけではない。１トップに対して３バック、２トップに４バックという具合である。同種の守備戦術であるブラジル代表も３か４かで揺れた時期があったが、94年ワールドカップで「可変式」という独自の結論に至っている。いわゆる第一ボランチがＭＦとＤＦの間を移動し、同時にＳＢの位置を上下させて、３バックと４バックを自在に変えられるようにしていた。福西崇史といううってつけの人材を持ちながら可変式を採らなかったのは不思議なぐらいである。守備戦術については、最後まで曖昧さを残していた。

ドイツワールドカップは緒戦のオーストラリアに最後の８分間で３失点して１－３、クロアチアに０－０、２点差勝利がマストだったブラジル戦は先制しながら１－４。いくつか不運なところもあったが、チーム作りが破綻した結果といっていい。

まず、ジーコ監督は日本の選手の実力を過大評価していたと思う。強力な個の組み合わせでチーム力の最大値を出すという方式はチャンピオンチームに相応しいもので、チーム力を積み上げる、あるいは相手の力をそぎ落とす必要のある立場の日本には合っていない。熟成するはずのコンビネーションは深まらず、話し合いでディテールを詰めていく方式も機能しなかった。もともとベースがはっきりしている強豪国ならともかく、選手の話し合いで意思統一しながらベースを構築するには時間がなさすぎたのだ。実力競争が伴わない序列主義もチームの一体感を損ねた。

初期の鹿島アントラーズでは〝監督〟として細部を決めて徹底させたジーコだったが、代表監督としては正反対の手法を採った。監督の指示より選手の話し合い、トップダウンでなくボトムアップ、世界標準ではなく自分たちのサッカー。そうでなくては本当に強いチームにはならないと考えたのだろう。ジーコ監督から代表強化方針の流れが変わっている。「自分たちのサッカー」という曖昧さは、その後の代表にも受け継がれていくわけだが、その最初の結果は苦いものだった。

オシム監督「日本サッカーの日本化」

2006年ドイツワールドカップの後、イビチャ・オシムが日本代表監督に就任。それまでの監督の中では、最も実績のある人物だった。オシム監督の名を高めたのはジェレズニチェル、シュトルム・グラーツといった中小規模のクラブチームでの実績だ。ユーゴスラビア代表を率いてのベスト8（1990年イタリアワールドカップ）という華々しい戦績があり、旧ユーゴとギリシャのビッグクラブであるパルチザン・ベオグラード、パナシナイコスを率いたこともある。しかし、オシムの手腕が発揮されたのは中規模クラブのほうだ。ユーゴもワールドカップでは中堅であり、Jリーグでのジェフユナイテッド市原もしかり。その点で、当時FIFAランキング40位あたりの日本を率いるにはうってつけの監督だったかもしれない。

オシム監督は就任会見で「日本サッカーを日本化する」と話している。世界標準を周回遅れで追いかけるのではなく、持っている素材を生かして独自の道を歩もうという姿勢は前任のジーコと同じだ。マンマーク寄りの守備戦術も似ていた。ただし、オシムとジーコは似て非なるものといっていい。もちろん、その前のトルシエ監督とも違っていた。

トルシエは「戦術は60パーセント」と話していた。しかし、その60パーセントに関しては100パーセントを要求している。細かい約束事を徹底させ、選手は選択の余地なくそのとおりにやらなければならなかった。ジーコは約束事自体を選手間の話し合いで作ろうとしていた。トルシエとは対照的なアプローチだ。

オシム監督はトルシエ方式と違って「正解」は与えない。練習はいわば設問の連続だった。問い詰めるように状況を設定して、選手に考えることを強要した。自分たちで答えを出しなさいというところはジーコと似ているが、考えなければいけない状況を作って強制的に考えさせている。例えば、就任緒戦のトリニダード・トバゴ戦ではメンバーだけ発表してフォーメーションもポジションも指示しなかった。練習段階でそれなりの準備はしていたしヒントも与えていたが、決定は選手に委ねている。自分たちで考えなさいと言うだけでなく、考えられるような訓練をするのがオシム流だった。

ちなみに、オシム監督はマルセロ・ビエルサ監督とよく似ていると思う。マンツーマンの厳しい守備、切り替えの速さ、多大な運動量とインテンシティ……格上のチームに対しても攻撃的な姿勢を変えず、ときどき強豪を圧倒して勝つ。守ってしのいでのジャイアントキリングではなく、圧倒して勝ってしまう。そういう希有な特徴を持つフットボールだ。ただ、練習方法は正反対。ビエルサはドリル方式、いわば正解を先に出してしまうトルシエと同じやり方だが、オシムは正解を出す過程を重視する。ところが、やり方は正反対なのに出来上がったチームは非常によく似ていた。

オシム監督は２００７年アジアカップでベスト４の後、12月に脳梗塞を発症して退任してしまった。アジアカップは同等ないし格下の相手にいかに勝つかを問われる大会だが、ワールドカップは格上をいかに食うかが焦点になる。オシム監督が得意としていたのは後者のほうなので、本領発揮の前に退任となったのは残念だった。

就任後の７試合、守備はマンツーマンで守っていた。この間、海外組は招集せず国内の選手で編成している。フォーメーションは3バックが多かったが、オシム方式は相手によって形が変わる。相手が2トップなら3バック、1トップ（3トップ）なら2バック（4バック）。フォーメーション変化のキーマンが阿部勇樹だった。

2トップ対応のときは阿部がFWの1人をマークして3バック、1トップならMFとしてプレーした。阿部がDFになるときにはアンカー役を鈴木啓太がこなす。つまり、この可変式システムでは守備力のあるMFが2人必要になる。2人のCBとSB、阿部、鈴木の計6人が後方部隊だ。前方は1トップ＋3人の攻撃的MF、あるいは2トップ＋2人の攻撃的MFの編成である。おそらく、これがワールドカップを想定した形だったのではないか。しかし、アジアカップでは編成を変更していた。

阿部をCBに下げ、ボランチには鈴木と中村憲剛を起用。3バックもほとんど使わなかった。アジアカップでは可変式を使わず、そのかわり中村俊輔、中村憲剛、遠藤保仁のプレーメーカー3人を共存させた。「エキストラキッカーは1人ないし2人」と話していたオシム監督だったが、3人を同時起用したわけだ。【図38】

オシムは実行しないほうを事前に多く話す癖がある。2つの可能性があるとき、どちらについても話すのだが、実際にはやらないほうを多く話す。その時点で迷っているの

図 38　日本代表（オシム監督時代）

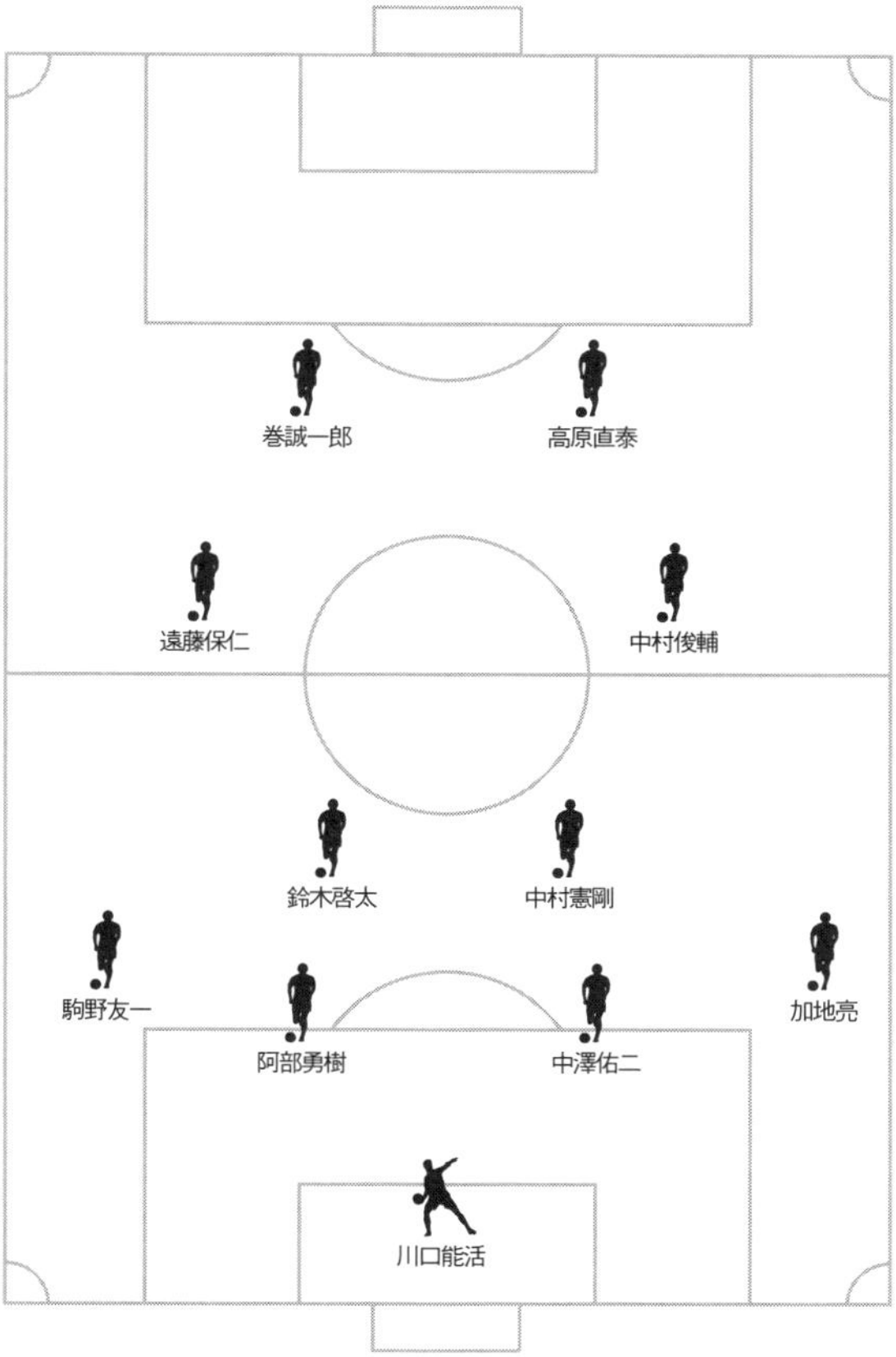

2007 年アジアカップでの４－４－２。遠藤をトップ下、山岸を左に置いた４－２－３－１も使っていた。ボールポゼッションを重視した対アジア用の戦術

← ボールの動き　← 人の動き　← ドリブル

か、煙幕を張っているのかはわからない。アジアカップのときもそうだった。それまでの経緯から3人の併用はないと思われていたのに、フタを開けてみたらエキストラキッカーは3人いたのだ。アジアカップ時の状況もあっただろう。

まず、準備期間はほとんどなし。大会前は集合しただけに等しく、フィジカルコンディションの調整はほぼゼロ。さらにグループリーグを行ったベトナムは共同開催国の中でも最も暑かった。運動量とハイ・インテンシティの戦術は無理。そこでボールポゼッションを重視して体力の消耗を避けたのだろう。3人のプレーメーカーを使った日本は、参加国中最高のボールポゼッションを記録する。時には70パーセントを超えていた。

しかし、ポゼッションを優先したことで攻撃はスローダウンが多く、相手を包囲した後になかなか得点を奪えなかった。CBとアンカーの3人でのカウンター対処も難しく、準決勝でサウジアラビアに敗れる。3位決定戦でも韓国にPK戦で負けて4位に終わった。

4年後に「アジアのバルセロナ」と呼ばれて優勝するチームの土台は、このときすでに出来ていた。07年は3連覇を逃してしまったが、いくつかの点で戦術的な先進性を持ったチームだった。

イビチャ・オシム監督は就任時に「日本サッカーを日本化する」と言った。しかし、日本にすでにあるプレースタイルを尊重するという意味ではなかったようだ。簡単に言ってしまえば、オシム監督が行ったのは日本の「オシム化」である。同じように、ジーコ監督はジーコ化ないしブラジル化であり、その前はトルシエ化だ。どの監督も素材（選手）の特徴を最大限に引き出そうとするわけだが、とりあえず自分の型に入れている。

オシム監督の戦術は特殊な部類だった。アルゼンチンやチリを率いたマルセロ・ビエルサ監督、現在ではセビージャのホルヘ・サンパオリ監督と似ている。この型のサッカーをやるチームは極めて少なく、「日本化」されているはずの選手が最初に感じたのは違和感だったはずだ。守備は基本的にマンツーマン。しかも前方からハメ込んでいく。70年代には主流だったが、オシムが代表監督になった時期にマンツーマン・ベースで守るチームはほとんどなかった。04年のユーロで優勝したギリシャ、60年代から同じ戦術で通してきたギー・ルー監督のオセール（フランス）ぐらいである。その意味では、マンツーマンは時代遅れだった。しかし同時に先進的だったともいえる。

80年代末にACミランが始めて、00年代にはほぼ世界中に普及したゾーンディフェンスは、08年ユーロでのスペインの優勝を境に「ゾーンの隙間」を浸食されるという危機に直面する。ところが、マンツーマンで守れば「隙間」はない。スペインとバルセロナの登場で世界的に抱えることになる難題が、最初から存在しない。

敵陣内でプレッシングを行うにもマンツーマンは適している。ただし、1人がマークを外されてしまうと玉突き的にズレてしまう弱点があり、何より守備の重点地域を確定できず守備範囲が広すぎる。多大な運動量が要求され、それ以上にリスク管理の速さと的確さが求められた。

例えば、マンマークと言ってもリベロを1人余らせているから、1対1のマッチアップを10個作れるわけではない。相手の誰か1人はフリーになる。フリーにしていい相手は誰か、あるいは同数で守るべきかどうかを的確に判断しなければならない。抜かれてしまったときのカバーをどうするか、プレスを外されたときは、マークを引き連れてスペースを空けようとする相手にどう対処するか……オシム監督は「走る」をテーマに掲げていたが、実は走る以上に「判断力」が重要だった。

オシムのサッカーは「考えて走るサッカー」と形容されていたが、そもそもサッカー選手が走るときは何かの意図がなければ走れない。無目的に走る選手はいないので、「考える」と「走る」はどうしたってセットなのだ。しかし、間違えて走る選手もいる。チームの中心だった遠藤保仁は、「オシムさんのときの代表が一番やりにくかった」と話している。これは初期段階で、やみくもに走る選手が多かったからだろう。

オシム監督の練習は「多色ビブス」が有名になったように、常に判断力を問うもので占められていた。「考える」は「走る」と並んでこの型のサッカーに必須であり、的確な判断によるリスク管理は重要なカギだった。

オシムのサッカーでリスク管理が決定的に重要なのは、その戦い方自体がリスキーだからだ。サッカーはバランスのゲームである。しかし、ときにバランスは失われる。同点のままロスタイムに入り、どちらのチームも引き分けを望まなければ、雌雄を決するノーガードの打ち合いになることがある。どちらも攻撃に人数を割き、どちらもカウンターに無防備、90分間で作ったチャンスの数を上回る決定機がロスタイムに作られたりする。オシムの戦術は、このオープンな状態をある程度容認する。この時点でリスキーだ。

マンマークのハイプレスは、それが外されたときに一時的な総退却を余儀なくされる。もう一度防御ラインを設定し直して守備を立て直すわけだが、カウンターアタック直撃の危険は排除できない。一方、ハイプレスがはまれば相手のビルドアップごと破壊できる。再設定した防御でボールを奪えればカウンターのカウンターもできる。構造的に乱戦指向なのだが、それをたんなるノーガードにしないためのリスク管理がカギになるわけだ。オシム監督は「リスクを冒せ」とよく話していた。リスクは知らなければならない、無謀ではいけない、しかしリスクを知ったうえで一歩踏み出すことを要求していた。

90年ワールドカップの緒戦（西ドイツ戦）は、あえてオールスターで編成して「わざと負けた」とも言われている。日本でも「エキストラキッカーは1人か2人」と言っていた。しかし、ユーゴスラビアは準々決勝のアルゼンチン戦にドラガン・ストイコビッチ、サフェト・スシッチ、ロベルト・プロシネツキの3人を起用している。アジアカップでは遠藤、中村俊輔、中村憲剛を使った。彼らは走るチームをコントロールする頭脳で、守備ではリスクかもしれないが攻撃のリスク管理ができる。正しく攻撃することで守備のリスクを相殺するわけだ。

「水を運ぶ人」という表現もよく使われていた。いわゆるハードワーカーである。では、その対義語は何か。水を撒く人でも飲む人でもなく、「マイスター」になる。ヨーロッパの徒弟制度におけるマイスターは、例えば煉瓦職人なら煉瓦を積む人だ。煉瓦を積むために必要な水を運ぶ仕事をマイスターはやらない。マイスターは特殊技能者であり、ピクシーや中村俊輔はそれにあたる。マイスター（＝エキストラキッカー）を何人まで起用するかは、おそらく相手との力関係で決めるつもりだったと思う。アジアカップでは3人だったが、もっと相手が強ければハードワーカーを増やしたのではないか。ただ、実際に3人を同時起用していたのだから、オシム監督自身「リスクを冒す」タイプといえる。

07年アジアカップでは、マイスター3人の併用に踏み切ったのと関連して、ゾーンの4バックを採用した。とはいえ、実際には2バック+アンカーで相手のカウンターに備えるという戦い方である。

考えて走る、水を運ぶ人とマイスター。その関係がわかりやすく表れていた例として、オーバーラップがある。

右サイドで中村俊輔がボールをキープしたときには、右SB加地亮が中村の背後を追い越していく。このとき相手は縦にマークをスライドさせる。中村と対峙していたSBはオーバーラップする加地をマークし、加地を追ってきた選手は中村をマークする。すると、守備側は下がったSBに合わせてラインを再設定することになる。SBと同じか、それよりも低い位置へ下がる。ディフェンスラインを下げさせることで、その手前のスペースをマイスターに使わせることができる。SBのハードワークによって、マイスターが技術を発揮する条件を作るわけだ。

ディフェンスラインは下げたままではいられない。誰かが前に出て、バイタルエリアでボールを持った日本のマイスターにプレッシャーをかけなければならない。それが1人だけなら、ラインとの間にギャップができる。ラインごと上げてくれれば、逆サイドの後方からラインと入れ替わりに飛び出せば裏をつける。もし、その選手を相手の1人がマークすれば、そこでまたギャップが生まれる。そのどれかの弱点を的確につけばいいし、それ以外の正解を叩き出せば「ブラボー！」だった。アイデアと運動量、才能と献身の組み合わせで相乗効果を狙う、オシム監督が用意した仕掛けである。

リスクを前提に、それをできるだけコントロールしながら一歩踏み出す。この戦い方は、ときに格上の相手を倒す。しかも圧倒して勝つこともできる。今季（16－17）のシーズン前、スペインのスーペルコパ（第1節）でセビージャはバルセロナ相手に途中までポゼッションで上回っていた。バルサ相手にボール支配で上回るなど、まず起こらない現象である。それができるのはゲームの設定を変えているからだ。オシムが目指したサッカーは「日本化」という枠を超えていて、相当に野心的なものだったと思う。

イタリアやドイツなどの強豪に囲まれながら一泡吹かそうと狙い続けた旧ユーゴは、個性的な監督を数多く輩出している名監督の産地だった。堅守速攻型で最も成功した監督であるトミスラフ・イビッチ、類い希なモチベーターだったミロスラフ・ブラセビッチ、〝ミラクル・ワーカー〟と呼ばれたボラ・ミルティノビッチ……オシムはその中でも芸術家肌で最もロマンティックなスタイルの監督だった。

岡田武史監督　脱オシムの日本化。専守で勝ち取ったベスト16

イビチャ・オシム監督が脳梗塞で倒れ、岡田武史監督に引き継がれた。技術委員会の選考条件の1つには「オシムサッカーの継承」があった。オシムと岡田は監督としての共通点がなく、そもそも違う監督に「継承」は無理な話である。ただ、岡田監督はオシム前監督の唱えた「日本化」については本気で推し進めようとした。

当初の戦術は、ヴァンフォーレ甲府などで大木武監督が用いていた「クローズ」と呼ばれたものと似ている。岡田監督は代表スタッフに大木コーチを起用していた。攻撃時にはフィールドを広く使うのがセオリーだが、クローズではボールサイドの半分にほとんどの選手が入ってしまう。あえてサイドチェンジを使わず、狭い地域を攻めきってしまおうという、かなり特殊なやり方だ。

狭い地域に敵味方が入り込むので、なかなかそこを突破するのは難しい。ただ、サイドの密集から中央ないし逆サイド寄りへボールが出たときには、決定機に近い状況を作ることができる。また、フィールドの半分に人が集まっているので、ボールを失っても即プレッシャーをかけられる。ラグビーに近い攻防といえるかもしれない。

日本選手の機敏さやパスワークの良さを生かすという意味では「日本化」ともいえるが、「オシムサッカーの継承」とは何の関係もない。ある意味、岡田監督の最初の日本化は「大木化」だった。しかし、ワールドカップ3次予選のバーレーン戦に敗れると、岡田監督は「俺のやり方でやる」と、俺流宣言をする。そもそも日本化を言い出したオシム監督がやっていたのもオシム化にほかならず、大木化を経て岡田化が始まったわけだ。

岡田監督は4－2－3－1を基本フォーメーションとした。オシム前監督も4－4－2か4－2－3－1が多かったので、フォーメーションの変化はないが人選は代えている。攻撃的MFとして起用されていた遠藤保仁をボランチへ下げ、長谷部誠と組ませた。このコンビは次のザッケローニ監督の時代にも引き継がれることになる。4バックのセンターは中澤佑二と田中マルクス闘莉王、こちらも岡田監督時代の鉄板コンビとなった。

攻撃の中心は右サイドハーフの中村俊輔である。オシム監督時には右の中村、左の遠藤（あるいは右に中村でトップ下に遠藤）だったが、遠藤がポジションを下げたことで斜めの関係になった。中村がサイドから中央に移動してパスを受け、そこからSBのオーバーラップを使う、あるいは一気に逆サイドへ振って局面を変えるなど、中村のアイデアが攻撃を動かしていた。

4－2－3－1のトップ下には玉田圭司や大久保嘉人など、プレーメーカーというよりセカンドトップのタイプを起用。中村憲剛も起用されたが、基本的には縦の2トップという感じである。岡田流は各選手の特徴の組み合わせによるパッチワークに近いが、オシム流や大木流に比べるとオーソドックスといっていい。慌てずにしっかりボールを確保し、遠藤・中村ルートで攻撃を作る、奪われたら直ちに前線から素早くプレッシャーをかける。ポゼッション&プレッシングの戦い方は、ザッケローニ時代にも引き継がれ、日本らしいプレースタイルとして定着した。その点で「日本化」は成されていたといえるかもしれない。無理のない形での日本化である。

アジア予選を突破した日本は、日本化の真価を南アフリカワールドカップで問うはずだった。しかし、実際にはそうはならなかった。ワールドカップイヤーの2010年に入ると、それまで表面化していなかった弱点が露呈し、方向転換を余儀なくされたからだ。

岡田武史監督の「日本化」は順調にみえた。遠藤保仁と中村俊輔を軸としたボールポゼッションで押し込み、ボールを失ったら素早い切り替えからハイプレッシャーをかける。日本選手のパスワーク、機動力、スタミナを生かしながら、コンタクトプレーの弱さという短所を前向きの守備で補う。次のアルベルト・ザッケローニ監督のチームにも受け継がれた戦い方だった。

ところが、ワールドカップイヤーの2010年になると突然失速してしまう。東アジア選手権での不振は、例年どおり年明けのコンディション不良と思われたが、その後も回復の気配をみせず、国内最後の強化試合だった韓国戦に完敗。この試合を最後に、岡田監督は守備重視へと大きく舵を切った。司令塔の中村を外して阿部勇樹を起用、フォーメーションも4－2－3－1から4－1－4－1へと変更した。【図39】

それまでの戦術の基盤はすでに失われていた。まず、ボールポゼッションが安定しなくなった。これは中心選手だった中村、遠藤のパフォーマンス低下が直接の要因と考えられる。とくに負傷の影響で中村のパフォーマンスが落ちていた。回復を待つ手もあったが、戦術を変えるならば強化試合でテストする必要があり、韓国戦以降は待てないと判断したのだろう。

しかし、むしろ最大の問題はカウンターアタックを受けたときの守備力だった。

日本の攻撃は、右サイドハーフの中村が中央へ移動して「間受け」を担当、空けた右サイドにSB内田篤人が進出する。そのまま右から崩す、あるいは中村経由で逆サイドへ展開するなど、中村と内田のラインが攻撃を作り出していた。ところが、この攻撃がカットされると内田の背後には大きなスペースが空いている。そこをカバーするCBの2人（中澤佑二、田中マルクス闘莉王）にはスピードが欠けていた。ハイプレスですぐに奪い返せれば問題は回避できる

図 39　日本代表（第 2 次岡田武史監督時代）

2010 年南アフリカW杯では、４－１－４－１の守備的な戦術に変更してグループリーグを突破してベスト 16 へ進出

ボールの動き　人の動き　ドリブル

が、遠藤と長谷部のボランチコンビも守備のスペシャリストではなく、カウンターアタックに弱い編成だった。

つまり、日本の戦術はポゼッションとハイプレスが生命線であり、ポゼッションに見合った得点を期待できるかぎりは有効だったのだが、ポゼッションが低下して押し込めなくなり、押し込めないことでハイプレスが効かなくなると、カウンターに弱いという短所だけが残ってしまう。「日本化」の成果をワールドカップで問うはずだったが、それをやる意味すらなくなっていた。

岡田監督は大会直前に現実路線を選択する。中村・内田ラインを外してまず守備を固める。それしか方法がなかった。しかし、堅守速攻型はよく機能した。中澤、闘莉王は速攻には難があるものの空中戦に強く、守るスペースが限定されていれば代表史上最強のコンビである。この2人の前に阿部を置き、サイドも大久保嘉人と松井大輔が献身的に守備をした。

4–1–4–1は4–3–3の系統で、守備のオーガナイズは4–4–2系の4–2–3–1とは異なる。ただし、現在の4–3–3（4–1–4–1）の守備組織運用は4–4–2系と大差がない。相手のCBに対して1列目（2トップ）で対処するか、インサイドハーフを押し出して対応するかの違いである。もともとは出自と素性の異なるフォーメーションなのだが、中盤に守備ブロックをセットしてプレスする守り方が普通になってからは大きな違いはなくなっていた。

ごく短期間で守備組織を構築できたのは岡田監督の手腕が大きいとはいえ、日本人の特性に合っていたのかもしれない。その後、関塚隆監督が率いたロンドン五輪のU－23代表も短期間で守備組織を構築して緒戦のスペイン戦に勝ち、そのまま準決勝まで進んでいる。どちらも多大な運動量に負っていること、守備の後の攻撃を考えていないのでカウンターが場当たり的というところはあったものの、ポジションを埋めて相手の攻撃を制限する組織は短期間で作れていた。

南アフリカ大会の攻撃は、クリアボールを1トップの本田圭佑が何とか収めて押し上げを待つか、両サイドの大久保、松井が援護のないままドリブルで行けるところまで行ってファウルをもらうという形が多く、厚みを欠いていたが、個々の能力を発揮してフィニッシュまで持って行けていた。お家芸のセットプレーの威力もあった。

グループリーグを突破した日本は、パラグアイに延長の末ＰＫ戦で敗れた。当初、岡田監督が掲げていたベスト4には及ばなかったが、ベスト16はそこまでの経緯を考えれば大きな成果である。岡田はいわば「撤退戦」の名手で、横浜Ｆ・マリノスを率いていたときも現実路線に転換してから本領を発揮している。高い理想を掲げているときよりも、旗を降ろしてからのほうが強い。

ワールドカップでのベスト16は、2002年のフィリップ・トルシエ監督が率いたとき以来の2回目。どちらも快挙である。ただ、いずれも消化不良な感じは残った。守備は良かったけれども、攻撃面でもう少し良さを発揮できたのではないかという疑問である。後任の監督には、いずれも攻撃力アップが期待されることになった。岡田の後任となったザッケローニは、結果的に岡田が方針を転換する前の戦術を踏襲したといえる。「日本化」の流れはつながっていた。前任者のやり残した仕事を、ザッケローニ監督は進化させた。また、「すでにある日本サッカー」を尊重した最初の監督でもあった。ザッケローニも自分のアイデアを導入しているが、「ザッケローニ化」はしなかったからだ。ただ、日本の弱点もそのまま引き継いでしまい、最終的に大きなツケを払うことになる。

ザッケローニ監督　「自分たちのサッカー」

南アフリカワールドカップ後、岡田武史監督の後任探しは難航した。従来とは違う監督の探し方をしていたからだ。

それまでの代表監督選びはコネクション重視だった。日本と縁もゆかりもない人物を招聘したファルカン、トルシエという例もあるが、オフト、加茂、岡田、ジーコ、オシムの〝川淵人事〟は、基本的にコネをたぐっての人選だ。コネというと聞こえが良くないが、人物や手腕をよく知っている監督を選ぶのは人事としては普通である。

原博実技術委員長は、コネクションの範囲内で誰がいいかではなく、日本代表を任せるのに適している監督は誰かという視点から、全くコネのないところから探し始めた。しかし、ペジェグリーニ、ビエルサ、バルベルデという有名監督が噂にのぼったものの決定には至らず、ひょんなところからザッケローニが候補に浮上した。当初の人選にはなかったが、初のイタリア人監督の誕生となった。

アルベルト・ザッケローニはウディネーゼで名を上げ、ミラン、ユベントス、インテルのビッグクラブを率いた。歴代監督の中でも最も華麗なキャリアの持ち主である。しかし、ザッケローニ監督は自らの考え方を押しつけなかった。日本にすでにある日本のサッカーを尊重した形でチーム作りを行った点で、それまでの監督とは一線を画している。

ザッケローニが尊重したのは、原代行監督が率いた日本だ。手続きが間に合わず、新生チームの立ち上げにあたる親善試合の指揮を原技術委員長が執った。岡田前監督からザッケローニ次期監督への引き継ぎ役なので、戦術的な規制もなく、いわば素のままで2試合を行い、パラグアイとグアテマラに連勝していた。

ザッケローニ監督は細かな指導を行っている。DFの体の向きが一般的な日本のやり方と違っていたり、ビルドアップの手順をパターン化するなど、ディテールにこだわりのある監督だった。ただ、細かく指導はするけれども「そのとおりにやらなくてもいい」と伝えていた。状況によって判断していいという余白を残している。アイデアは出すけれども絶対ではない。各ポジションの第一人者である代表選手、すでにある日本のサッカーを尊重し、そこに監督のアイデアを加えながら整えていく。強豪国の代表チームでは珍しくない手法といえる。主力の多くはヨーロッパのクラブで活躍するようになり、そうしたチーム作りが有効な段階になっていた。

南アフリカ大会のチームに香川真司を加え、中澤佑二&田中マルクス闘莉王の後釜に今野泰幸と吉田麻也を据え、1トップに前田遼一を起用。だが、大幅なメンバー入れ替えはなく、岡田前監督の堅守に鋭い攻撃力を加える形でスタートする。ようやくまとまった練習時間を確保できたアジアカップ期間中、急速にチーム作りを進めた。グループリーグではもたつきもあったが、最後はオーストラリアを破って優勝。「アジアのバルセロナ」と称賛された。

アジアカップで骨格が出来上がった日本は、強みであるパスワークを生かした攻撃型のチームだった。

遠藤保仁を軸とした後方のビルドアップから、長友佑都と内田篤人の両SBの前進、香川と本田圭佑による「間受け」、攻撃の2枚看板にスペースを提供するための1トップ（前田）による相手ディフェンスラインの牽制、岡崎慎司の神出鬼没な動き……個々の特徴を生かしながら組み合わせている。安定したパスワークでボールを保持して相手を押し込み、押し込むことでコンパクトな状態を作る。敵陣で失っても素早くプレッシャーをかけて奪い返すか、苦し紛れにロングボールを蹴らせて回収。この流れは確かにバルセロナと似ていた。

基本フォーメーションは4－2－3－1。ザッケローニ監督には3－4－3という十八番があり、「私のドレスのようなもの」とまで話していたトレードマークだったのだが、機能している4－2－3－1を変えてまで押し通そうとはしなかった。3－4－3は「オプション」にとどめ、少しずつテストしながら熟成を待った。こうした柔軟性や懐の深さは、最初の2年間に関しては上手く作用した。

ザッケローニ監督のチーム作りは、「無理のない日本化」を進めた岡田前監督の流れを期せずして受け継ぎ、より高い次元に持っていくことに成功したといえる。日本代表は、「日本らしいサッカー」を持ち始めていた。ジーコから始まった「日本化」は、ザッケローニの時代に集大成を迎えた感がある。ただ、日本らしくあることと、ワールドカップを勝ち抜くことは、イコールではなかった。

アジアカップを制して「アジアのバルセロナ」と称賛された日本代表は、「日本化」に成功していた。それは岡田武史監督が途中まで進めていた無理のない日本化の発展形だったといえる。

アルベルト・ザッケローニ監督はさまざまなアイデアを提示し導入したが、強制的な形をとっていない。すでに日本にあるサッカーを選手たちが望む形で発展させていこうとしていた。パスワークを生かしたポゼッション主体の攻撃、相手を押し込んでの高い位置でのプレッシング、その循環で試合を作っていく手法は日本選手の特徴を生かし、弱点を補う点で理にかなったものでもあった。

２０１３年にブラジルで開催されたコンフェデレーションズカップは、日本の真価を問う機会だった。ブラジル、イタリア、メキシコと同居したグループは、本大会なら「死のグループ」と呼ばれていただろう。ザッケローニ監督は、就任以来ほぼ固定していたメンバーによるチーム作りの決算として大会を位置づけていた。

結果は3戦全敗。緒戦のブラジル戦は完敗に近かったが、イタリア、メキシコとの試合には3－4、1－2と1点差。いずれも日本らしいプレーは示せていた。しかし、この大会ではっきりしたのは、このままでは本大会も勝てないだろうということだ。ボールは運べる、ある程度崩せるし点もとれる。しかし、それ以上に失点してしまう。敵陣の攻守は十分通用した。半面、自陣での攻守は不安定だった。ボールを奪う力が足りず、パスをつなごうとしてミスをして失点していた。敵陣での攻守を増やすという戦い方のコンセプトが正しいことははからずも証明されたわけだが、敵陣のみで攻守を完結させられるほど日本は強くない。自陣でのプレーを向上させないかぎり強豪国に勝つのは難しかった。

コンフェデ杯後、ザッケローニ監督は新戦力の発掘に着手している。前田遼一が外れ、大迫勇也や柿谷曜一朗を1トップにテスト。ボランチに山口蛍、CB森重真人などが台頭してきた。ただ、チーム全体の問題点は解決していない。日本らしいサッカーは、強豪国に対してもある程度通用することはわかった。しかし、それでは勝てないこともコンフェデ杯で示された。軌道修正を図るのか、それとも日本らしさを極めることで打開するのか。

日本らしいサッカーには積み上げていける状況がある。選手たちの特徴を発揮できて好みにも合っているので、何が良いプレーで何が良くないかを相互評価しやすい。上手くいったプレーにも改善点があり、ミスの中にも許容すべきものがある、そうした些少な評価を選手たちで行えるので、自然と積み上げができるのだ。戦術を監督に押しつけられているわけではないので、自分たちの価値観で改善しやすく、内部の相互評価を繰り返すことで精度を上げていける土壌があった。代表選手たちが「自分たちのサッカー」と言っていたのは、まさに自分たちの手で作り上げていく実感があったからだろう。

ただし、日本らしさだけではワールドカップで結果を出すには足りなかった。

ザッケローニ監督は妥協案を講じている。攻撃のキーマンである遠藤保仁ではなく山口を先発させて課題の守備力を安定させ、遠藤は後半から投入して「自分たちのサッカー」にギアを入れる。オランダ、ベルギーとの遠征試合では、これで手応えをつかめた。「自分たちのサッカー」だけで押し切るのではなく、リスクを減らして試合を均衡させる時間を作るという折衷策だ。【図40】

ここで新たな問題が発生する。本田圭佑、香川真司の2枚看板が所属クラブで出場機会を減らしていた。南アフリカワールドカップ直前に中村俊輔がコンディションを落とした状況と似ている。ザッケローニ監督は本田、香川の回復を待った。同時に、それまで招集していなかった大久保嘉人を選出し、大久保と内田篤人のラインを作って攻撃の軸とする次善策も用意し

図 40　日本代表（ザッケローニ監督時代）

2014 年ブラジルW杯、ザッケローニ監督は山口蛍を先発させて守備の安定を図りながら、後半に遠藤保仁を投入して「自分たちのサッカー」へ切り替える策を立てた

← ボールの動き　← 人の動き　← ドリブル

た。本田と香川はぎりぎりでコンディションを戻したかにみえた。
23人を選出した時点でザッケローニ監督は腹をくくっていたようだ。守備固め用の選手を選んでいないのだ。攻めきってしまう覚悟だったのだろう。

ところが、緒戦のコートジボワール戦では相手のビルドアップを阻止できず、守備に追われる展開に陥っている。相手のMFが落ちてSBを上げるビルドアップを制限できず、香川は守備に追われて消耗してしまう。コートジボワールのビルドアップは、日本が得意としていた形だったにもかかわらず、それをやられたときの対策ができていなかった。1−0で折り返せたにもかかわらず、逃げ切り策のない日本は山口→遠藤という攻撃的な交代しかできず、前半の消耗によって遠藤投入でも流れは変えられず。2点を失って緒戦を落とす。ボールを支配されれば日本の良さは出ない。負けるべくして負けた試合だ。

ギリシャ戦は攻め勝つべき試合だったが、決め手を欠いて0−0。最後のコロンビア戦でようやく日本らしいプレーができたものの、カウンターを阻止できず1−4。カウンターをうけたときのDFの質的不利は、ポゼッション＋ハイプレスの戦術で致命的な弱点だ。それを抱えたまま「自分たちのサッカー」で押し切れるほどワールドカップは甘くなかった。

キャンプ地の選定ミスなども重なり、ブラジルでは力を発揮しきれなかった。しかし、それまでのザッケローニ監督の仕事は協会の期待に完璧に応えていて、代表史上でも最強のチームを作り上げている。守備を固めた相手から2点以上とるには個の力が足りず、被カウンターにも弱いのだから、結果論でいえば「自分たちのサッカー」は無謀な試みだったともいえる。ただ、すべてが間違っていたわけではない。本来、ＪＦＡは的確な処方箋を出し、強化を図るべきである。しかし過去の例を振り返ると、部分的な敗因をあげるのみで、強化方針は次の監督に丸投げだった。その点で、新監督に選出したハビエル・アギーレ監督がどんなチーム作りをするのかが注目された。

アギーレ監督　代表らしいチーム作り

ブラジルワールドカップ後の新監督招聘の動きは早かった。就任決定までに時間がかかった4年前とは違い、すぐにハビエル・アギーレ監督に決まっている。以前から接触していたという。しかし、２０１５年アジアカップの準々決勝でＵＡＥにＰＫ戦で敗れた後、ＪＦＡは解任を発表。スペインでの試合買収に関与した疑いで告発されたからだ。短い期間なのではっきりしないことも多いが、アギーレ監督下の日本代表を振り返ってみたい。

アギーレはクラブチームだけでなく、メキシコ代表監督歴が長い。前任のザッケローニはビッグクラブを率いた経験はあったが代表監督歴はなかった。ザッケローニはメンバーを固定したが、アギーレは新たな選手をテストすることから始めている。就任時の状況が違うとはいえ、代表監督経験者らしさは出ていたと思う。

クラブと代表の違いは、何と言っても起用できる選手の幅だ。クラブは30人ぐらいの選手層だが、代表の選考対象は絞り込んでも100人はくだらない。その中から60人ぐらいの候補を作り、さらに4年間で30人程度までに絞っていく。その間に成長する選手もいれば、ピークを過ぎてしまう人もいる。あまりメンバーは固定しすぎず、なるべく多くの選手をテストしていくのが典型的な代表の作り方だ。

一方、代表チームには時間がない。監督の在任期間を4年と考えると長期なのだが、その間に活動できる日数はかなり限られている。しかも断続的。そのため、あまりチームを作り込みすぎてしまうのは危険なのだ。主力選手が起用できない事態になっても代役はいくらでもいるが、オーダーメイドの服のように出来上がっていると、新しい選手がフィットしにくい。メンバーが代わるとやり直しになりかねないわけだ。それでは継続性がないので、ただでさえ足りない時間の無駄になる。選手層の厚さという代表の特性も生かせない。そこで、代表はこういうサッカーをするというアナウンスはしっかりやらなければならない。誰が来ても、代表のプレーをイメージしやすくしておく。ただし、あまりメンバーは固定せず、連係も作り込みすぎない。オーダーメイドではなく、既製服のままでしばらく推移させる。ぴったりしつらえるのは最終段階に間に合えばいい。

アギーレ監督のスタート段階は、そうした代表らしいものだった。中には、ちょっと難しいのではないかと思える人選もあった。あまり個々の選手を見極める時間もなかったのだろう。左利きのCBがほしいというような、監督側の条件を先行させていた。

既製服の形は4－3－3だった。4－4－2型の4－2－3－1を続けてきた日本にとっては新しい試みである。Jリーグにも4－3－3のチームは少なく、本格的なアンカーがいないという問題はあったが、人材豊富なインサイドハーフを使えるメリットはあった。本書は4－4－2がテーマになっているので詳しくは触れないが、4－3－3をベースにしたアギーレ監督は、攻撃型のチームをイメージしていたと思う。ただし、自陣から無理につなごうとするよりはロングボールを推奨するなど、現実的な味付けも入れながら「自分たちのサッカー」からの軌道修正を図っていた。

就任からの4試合は1勝1分2敗。ジャマイカに1－0で勝ち、ベネズエラに引き分け（2－

2）、ウルグアイとブラジルに敗れている。緒戦のウルグアイ戦が0－2、4戦目のブラジル戦が0－4。ここまでが選手選考の期間だった。ブラジル戦まで選手のテストに使ったのは意外だったが、その後のスケジュールを考えると、ブラジル戦まではどうしても選手層の拡大に使いたかったようだ。逆にいえば、アジアカップの準備に2試合が必要だと考えていたわけだ。

アギーレ監督はそれまで招集していなかった遠藤保仁など従来の主力を呼び戻し、ホンジュラス戦に6－0、アジア王者になるオーストラリアも2－1で下した。いつものメンバーを揃えた途端、それまでのぎこちなさが消えて強い日本になっていた。

アジアカップ連覇を狙う日本はいきなり仕上がっていた。前回大会は優勝したとはいえ、グループリーグの段階ではまとまっておらず、例えば本田圭佑と香川真司をどう共存させるかも明確でなかった。しかし、そのときの反省からJFAは準備期間もそれなりに用意、アギーレ監督の日本はグループリーグから危なげないスタートを切っている。【図41】

持ち味のパスワークの良さに攻撃スピードを加え、守備も安全第一。ザッケローニ前監督時代の長所を残しながら、短所を修正していこうというチーム作りには合理性があった。おそらく、それまでの経緯から考えてアギーレ監督はアジアカップ後には再びさまざまな選手を招集していくつもりだったと思う。公式戦ではベストメンバーに固定しなが

図 41　日本代表（アギーレ監督時代）

新戦力の発掘に努めていたアギーレ監督だったが、2015 年のアジアカップを前にブラジルW杯のメンバーを招集、本大会でも順調にグループリーグを突破したが、準々決勝のＵＡＥ戦でＰＫ戦の末に敗れた

← ボールの動き　← 人の動き　← ドリブル

ら、それ以外はチームの可能性を広げる意味での選考を続けたのではないか。

ＵＡＥに敗れたのは不覚である。圧倒的に押し込み、35本もシュートを打って1点しかとれなかった。カウンターから先制を許したのも、弱点を克服しきれていなかったといえる。ただ、日本は優勝できる力は示していた。優勝した前回大会以上のパフォーマンスはみせていたのだ。

アギーレ監督が続けていたらどうなっていたか。代表らしいチーム作りの手順、パスワークを生かしながらの手堅い戦い方からすると、ザッケローニ後のチームを引き継ぐに相応しい指導者だったように思える。ただ、これはオシム監督の場合もそうだが、実際にやっていないので何とも言えない。方向性としては良かったような気がする、という程度である。

ハリルホジッチ監督　再びの世界標準化

２０１５年1月のアジアカップ終了後、日本サッカー協会はハビエル・アギーレ監督を解任した。リーガ・エスパニョーラでの買収疑惑で告発されたためだった。告発段階なので、裁判になるのか、裁判の結果がどうなるのかもまだわかっていなかったが、ワールドカップ予選期間中での不測の事態を回避するために解任を決めた。後任にはブラジルワールドカップでアルジェリアの監督だったヴァイッド・ハリルホジッチを招聘する。

ハリルホジッチ監督は旧ユーゴスラビア（ボスニア・ヘルツェゴビナ）の出身だが、指導者としては主にフランスのクラブ（リール、レンヌ、パリ・サンジェルマン）でキャリアを積んでいる。コートジボワール、アルジェリアと代表監督の経験もあり、アルジェリアではブラジルワールドカップベスト16進出を成し遂げていた。

ハリルホジッチ監督はいわばプラグマティストで、対戦相手と状況によって戦い方を変化させる。コートジボワールではディディエ・ドログバを軸とした攻撃型のチームを作ったが、アルジェリアでは北アフリカらしいパスワークに堅守をプラスした手堅い編成だった。ブラジルワールドカップでは、緒戦のベルギー戦と次の韓国戦で5人を入れ替え、決勝トーナメント1回戦のドイツ戦でも再び5人を入れ替えた。ベルギー、ドイツには守備を重視し、3ポイントを狙った韓国、ロシア戦はやや攻撃的な編成で臨んでいた。

一方、フォーメーションは一貫して4-2-3-1。ドイツ戦はサイドハーフが引いて6バックに近い形になっていたが基本は4-2-3-1である。これは選手の入れ替わりの多い代表チームの強化においては、フォーメーションをある程度一定にしたほうが選手にとってわかりやすいからだ。そのかわり、起用する選手を代えることで戦い方を変化させる。アルジェリアは優勝候補ではなく必ず格上の強豪とも戦わなくてはいけないので、戦術的な幅がどうしても必要になる。しかし、その都度の付け焼き刃では通用しない。変化を可能にするためにもチームの基盤に一貫性をもたせるわけだ。アルジェリアと似た立場の日本にとっては、ほしいタイプの監督といえるかもしれない。

日本代表でもハリルホジッチ監督は4-2-3-1を使っている。4-4-2系のシステムらしく、「ブロック」をチームのベースに考えている。【図42】

全体をコンパクトにして守備ブロックを形成し、そこで相手の攻撃を止めてカウンターアタックへ移行する。極端に守備的でも攻撃的でもなく、オーソドックスといっていい。「日本化」「自分たちのサッカー」を指向してきた日本代表は、再び「世界標準」へと方向転換したことになるだろうか。

ハリルホジッチ監督がチームのベースと考える守備ブロックは、日本に向いているところと向いていない部分がある。ポジショニングと連動性については比較的向いている。それは2010年南アフリカワールドカップ、2012年ロンドン五輪をみてもそうで、短期間に形を整えるのは得意な分野かもしれない。半面、守備ブロック自体の強度は見た目ほど高くない。ハリルホジッチ監督が就任以来強調している「デュエル」は日本の課題である。肉体的に頑健

図 42　日本代表（ハリルホジッチ監督時代）

2017 年 11 月 15 日、サウジアラビア戦の先発メンバー。アジア予選の折り返し地点で、ようやくハリルホジッチ監督の指向する戦い方が形になった。4－2－3－1 をベースに相手によって戦い方を変化させる

ボールの動き　人の動き　ドリブル

なフランスのクラブチーム、アフリカの代表チームを歴任してきた監督からみれば、かなり頼りなくみえるだろう。ただ、足りないからといって妥協はできない。守備ブロックの強度はチームの命綱なので、これを手放すわけにはいかないからだ。

守備で戦えて、攻撃でも高度な技術を発揮できる選手が揃っているのが理想だが、残念ながら日本代表にそんな選手は限られている。ハリルホジッチ監督は「ブロックがベース」と言いながら、強度最優先の選考はしてこなかった。まずはアジア予選を突破しなければならない。アジア予選で守備的な戦いを強いられる試合はほとんどない。ブロック強化を最優先にするとかえって攻撃力が減退してしまうと考えたのだろう。

ところが、今回の予選で日本と他国との差はかなり縮まってしまっていた。圧倒的な攻撃力でねじ伏せてきた過去の予選のようにはいかず、相手の長所を潰しながらの慎重な戦い方が求められている。10月にメルボルンで行われたオーストラリア戦では、かなり守備的な戦い方をして1−1で引き分けた。ワールドカップ本大会で使うはずの戦法が、すでに予選段階で必要になっていた。あれほど守備を重視した戦い方は、今予選であと1回あるかないかだろう。ただ、皮肉なことに予選と本大会で戦い方を大きく変えなくてもよい状況になっているので、チーム作りは少し容易になったかもしれない。

ブロック強化を急ぐ必要が出てきたせいか人選が少し変わってきている。例えば、攻撃的なゲームで欠かせないコンダクター役の柏木陽介が招集外になった。これまでのアジアとの戦いで、プレーメーカーは重要な役割を果たしてきた。ラモス瑠偉、名波浩、遠藤保仁のようなタイプだ。プレーメーカーなしで相手に引かれたときに崩しきれるかどうかが注目されたサウジアラビア戦では、前方からのプレスとハーフカウンターで2-1と勝利を収め、今後の戦いにひとまず展望を開くことができた。予選はまだまだ厳しい戦いが続くだろうが、W杯本大会までの強化はひと続きの道のりになったといえるかもしれない。

エピローグ

Jリーグと4―4―2とブラジル

Jリーグが開幕したのが1993年、初代チャンピオンはヴェルディ川崎でした。フォーメーションは4―4―2、中盤はダイヤモンド型でしたね。トップ下にビスマルク、左にラモス瑠偉、右が北澤豪、アンカーは柱谷哲二。鹿島アントラーズとのチャンピオンシップではパウロがアンカーで柱谷はCBでした。当時のヴェルディは日本代表選手を揃えたJのトップクラブですが、何気に地味なブラジル人選手が効いていました。対戦相手の鹿島も同じ形の4―4―2です。このころはダイヤモンド型の4―4―2か3―5―2が主流でした。

94年にヴェルディとチャンピオンシップを争ったサンフレッチェ広島が、フラット型4―4―2での最初の成功例だったと思います。英国人のスチュワート・バクスターが監督だったからでしょうか。現代的な4―4―2でした。風間八宏、森保一、森山佳郎、高木琢也、イヴァン・ハシェックの主力は引退後に監督としても活躍していますね。

96～01年までの6年間で4回優勝した鹿島は、4―4―2の代表的なチームと言っていいでしょう。攻守のバランスのとれた隙のないスタイルは現在も継承されています。基本はブラジル式のボックス型。ビスマルク、ジョルジーニョ、レオナルドなど、ブラジル人選手が活躍しています。監督もずっとブラジル人でした。05年に初優勝したガンバ大阪も4-4-2、こちらはかなりイケイケの攻撃型。遠藤保仁、二川孝広のゲームメイクに毎年のように入れ替わるブラジル人FWという組み合わせでした。

4-4-2のチャンピオンとしては11年の柏レイソルもあります。ネルシーニョ監督の下、J2から昇格してきていきなりの優勝でした。右のレアンドロ・ドミンゲス、左のジョルジ・ワグネルと攻撃的MFとしてブラジル人選手が活躍しています。

こうしてみるとJリーグで優勝（ステージ優勝含む）した4-4-2のチームは、94年の広島を除くといずれもブラジル型、中心選手もブラジル人。ヨーロッパ型のシステマチックな4-4-2もありますが優勝はしていません。日本に限った話ではありませんが、改めてブラジルの影響力を感じます。

ブラジルは1958年のワールドカップで初優勝しています。このときのフォーメーションが4-2-4でした。フォーメーションを数字で表したのは、このときのブラジルが最初と言われています。それまではWMですからね。4年後の62年に連覇したときは4-3-3、

3度目の70年も4-3-3ということになっています。ところが、実はブラジル代表のサッカーはあまり変わっていません。同じと言っていいかもしれないぐらいです。

58年の4-2-4のアタックラインは右からガリンシャ、ババ、ペレ、ザガロですが、左ウイングのマリオ・ザガロはMFと兼用でした。62年のメンバーもほぼ同じですからプレースタイルも変わりません。70年はザガロのポジションにロベルト・リベリーノが入っていますが役割は同じです。3回の優勝チームでエースだったペレはセカンドトップの位置でプレーしていて、全体のバランスは現在の4-2-3-1に近い感じなのです。

82年の「黄金の4人」のときは、2トップがセルジーニョとエデル、「黄金」がジーコ、ソクラテス、ファルカン、トニーニョ・セレーゾの4-4-2ということになっています。

ところが、エデルは左サイドに張っていて、実質的にはセルジーニョの1トップでした。ソクラテスをトップ下、ジーコを右のサイドハーフとすると、これも4-2-3-1に近い。このときのブラジルはかなり流動的なので4-2-3-1は言い過ぎかもしれませんが、伝統は受け継いでいたように思えます。4バック、ボランチに2人、1トップとセカンドトップ（トップ下）までは同じで、従来型とは左右が逆になっているだけだからです。従来型は右にガリンシャ、ジャイルジーニョの突破型ウイングでしたが、82年は左のエデルがクロッサーとして貼りつきます。従来型のMF兼用で自由度の高いポジション（ザガロ、リベリーノ）を右のジーコにスイッチしたとみれば同じシステムになります。

86年も似たような構成です。このときはカレカとミューレルの2トップですが、例によってミューレルはウイングです。トップ下はソクラテス、しかしジーコは負傷で先発できず、エウゾ、ジュニオール、アレモンの3ボランチでした。ジーコが使えていれば4−2−2−2の左サイド空けというセレソン伝統のフォーメーションになっていたはずです。

90年は3バックの3−5−2、94年は可変式。セレソンに4−4−2が復活するのは98年になります。復活と言っても、もともと変則の4−4−2だったのですが、98年はきれいに4−2−2−2のボックス型でした。ここでようやく4−2−3−1っぽい、伝統の変則システムではなくなったわけです。攻撃的MFはレオナルドとリバウド。

Jリーグのブラジル型4−4−2は、このときのブラジルです。ウイングが消滅した後のブラジル、独自の伝統的変則システムでないブラジルということになります。ブラジルっぽさが薄まった後のブラジルなので、何だか残念な気もしますが。

ブラジルの、少なくともセレソンのスタイルは、組織的なカッチリしたフォーメーションありきではない。個々の組み合わせでみたほうがスッキリすると思います。ウイング、

ＭＦ兼用ウイング、10番、８番、ボランチという感じ。職人を組み合わせたパッチワークですね。ウイングが消滅したのは世界的な流れですが、そのぶんサイドバックが上がってきてウイング的な仕事をするようになっています。

パッチワーク方式なので、ヨーロッパ的な一体感のあるカッチリした４－４－２とは少し違います。Ｊリーグの４－４－２もこれに近く、そのほうがブラジル人選手を組み込みやすかった。リーグタイトルはブラジル人次第という流れですから、この方式で良かったのでしょう。

強力なブラジル人アタッカーが中国や中東に流れるようになって、Ｊリーグは変化してきたように思います。ブラジル人頼みが難しくなり、そのぶんシステマチックなサッカーになってきました。12年からの４年間で広島が３回優勝しています。かつてのカッチリした４－４－２ではなく、いわゆるミシャ方式の可変システムですね。これは日本独自です。攻守でフォーメーションが変わる点では、ヨーロッパの流れを先取りしていたかもしれません。ブラジルを卒業した(？)、Ｊリーグは今後どう変わっていくのでしょうか。

西部謙司 Kenji Nishibe

1962年9月27日、東京都生まれ。少年期を台東区入谷というサッカー不毛の地で過ごすが、小学校6年時にテレビでベッケンバウアーを見て感化される。以来、サッカー一筋。早稲田大学教育学部を卒業し、商社に就職するも3年で退社。学研『ストライカー』の編集記者を経て、02年からフリーランスとして活動。95年から98年までパリに在住し、ヨーロッパサッカーを中心に取材。現在は千葉市に住み、ジェフ千葉のファンを自認し、タグマ版「犬の生活」を連載中。著書に『1974 フットボールオデッセイ』『イビチャ・オシムのサッカー世界を読み解く』(双葉社)、『Jリーグの戦術はガラパゴスか最先端か』(東邦出版)、『サッカーで大事なことは、すべてゲームの中にある』(出版芸術社)、『戦術リストランテⅣ』(ソル・メディア)、『サッカー戦術クロニクル』『サッカー 3バック戦術アナライズ』『眼・術・戦』(小社) などがある。

デザイン　ゴトウアキヒロ（フライングダッチマン）
DTP　株式会社ライブ
写真　Getty Images
編集協力　今関飛駒（カンゼン）、伊藤敬佑、宇和川勝也、小澤亮太
編集　中山佑輔（カンゼン）

サッカー **4-4-2戦術クロニクル** 守備陣形の復興と進化

発行日　2017年1月5日　初版

著　者　西部 謙司
発行人　坪井 義哉
発行所　株式会社カンゼン
〒101-0021
東京都千代田区外神田 2-7-1 開花ビル
TEL 03（5295）7723
FAX 03（5295）7725
http://www.kanzen.jp/
郵便為替 00150-7-130339
印刷・製本　株式会社シナノ

ISBN 978-4-86255-380-5
Printed in Japan
定価はカバーに表示してあります。

ご意見、ご感想に関しましては、kanso@kanzen.jp まで E メールにてお寄せ下さい。お待ちしております。

株式会社カンゼンは『JFA こころのプロジェクト』支援企業です。